마음챙김 학습의 힘

The Power of MINDFUL Learning

마음챙김
학습의 힘

엘렌 랭어(하버드대 교수) 지음
김 한 옮김
정태연(중앙대 교수) 감수

동인

마음챙김 학습의 힘

초판 1쇄 인쇄 2011년 8월 12일
초판 1쇄 발행 2011년 8월 24일

지은이 엘렌 랭어(ELLEN J. lANGER)
옮긴이 김 한
감 수   정태연
디자인 이은상
펴낸곳 동인
펴낸이 이석재

등 록   1992년 11월 11일(제10-749호)
주 소   서울시 서대문구 북아현3동 192-2
전 화   (02)393-9814 / 365-6368
팩 스   (02)365-6369
E- mail dongin365@hotmail.com

ISBN 978-89-8482-133-0 03370
값 12,000원

저자 소개

엘렌 랭어교수는 하버드대 심리학과 교수이며, 현재 하버드대에서 자신의 주 관심사인 '마음챙김이론(Mindfulness Theory) 연구소'를 이끌고 있다. 진행 중인 연구는 자신의 저서인 『Mindfulness, 1989』(한국 동인출판사 『마음 챙김, 2008』), 본서 『The Power of Mindful Learning, 1997』 그리고 지난 4월 우리나라에 번역 출간된 『Counterclockwise, 2011』(한국 사이언스 북스 『마음의 시계』)에서 여러 차례 언급한 대로 마음챙김 학습 이론과 건강, 비즈니스 그리고 교육에 이르는 다양한 영역과의 상관관계를 실험을 통하여 이론을 확장하고 세련되게 다지는 작업을 계속하고 있다. 특히, 그녀의 교육에 대한 관심은 본서에서 실험을 통하여 검증한대로 의식적인 책읽기의 사례와 효과, 그리고 마음챙김 학습의 방법에 대한 연구는 교육의 질보다는 양적 팽창에 주력해온 우리에게 많은 것을 생각하게 한다.

그녀는 1947년 뉴욕에서 태어나, 뉴욕대에서 심리학과 학사 학위를, 1974년 예일대에서 사회 임상 심리학 박사 학위를 취득했으며, 1970년대 말 하버드 대학에서 여성으로는 처음 심리학과에서 종신 교수직을 보장받았다. 저서로는 위에 소개한 세 권의 저서 외에 『On Becoming an Artist, 2005』가 있으며, 공저로는 『Higher Stages of Human Development, 1990』와 『Beliefs, Reasoning and Decision-making, 1997』이 있다. 실제 그녀는 50대의 나이에 화가로 데뷔하여 소박하면서 정감 넘치는 터치로 주변의 일상을 그려내 1980년 구겐하임 펠로우쉽의 수상했다. 랭어 교수는 선천적으로 예술적 재능을 타고 나는 사람은 극소수에 불과하며, 예술성은 모든 사람이 갖추고 있는 특성이어서 누구나가 자신의 창조적인 충동을 독창적으로 표현할 수 있으며 그 과정이 우리의 삶을 풍요롭게 해준다고 믿고 있다. 그녀가 "화가되기(On Becoming an Artist)"를 쓰게 된 배경이다.

'마음챙김 학습의 힘'에 쏟아진 찬사

이 책 "마음챙김 학습의 힘"은 전통적인 교수법이 사람들로 하여금 아무 생각 없이 (혹은 기계적으로) 행동하도록 만든다고 주장하는데, 이유는 이런 방법이 사람들에게 어떤 사실이나 하나의 과제를 지나치게 학습하게 함으로써 일을 처리하는데 한 가지 방법 밖에 없다고 제시하기 때문이다. 저자인 랭어 교수는 기술이나 사실을 상황에 맞게 조건적으로 가르치는 것이 중요하다고 강조함으로써, 상황에 따라 다른 접근방식이나 해답이 존재할 수 있다는 의문과 인식의 단계를 설정해야 한다는 것이다 ……. 획기적인 그녀의 연구가 마음챙김 학습의 힘에 대해 과학적으로 요점을 정리했다.　　　　-뉴욕 타임스

프로이드, 피아제, 워너와 비고츠키 더불어, 랭어 교수는 광대한 인간기능이론theory of human functioning을 마련했으며, 교육과 학습, 성장과 노화, 그룹 관계론 그리고 신경심리병리학과 같은 다양한 분야에 중대한 영향을 끼쳤다 ……. 이제까지, 랭어 교수의 도발적인 작업만큼 사회심리학이 신경심리학과 관련 분야에서 이같이 정교한 통찰력을 제공한 예가 없다 ……. 단순해 보이는 그녀의 실험 설정은 인간의 조건과 우리가 인간으로서 어떻게 성장하는지에 대한 심오한 진리를 지적해준다.　　　- '현대 심리학'의 에디쓰 카프란

많은 교육학자들은 저자 랭어 교수의 이론이 매우 지적 자극을 불러일으키며, 남녀노소 모든 층에서 교육을 혁명적으로 변화시킬 수 있다는 중대한 암시를 한다고 생각한다.　　　　　　　　　　　　　　　　　　　　-APA 모니터

우리들 대부분은 때로는 맹목적으로 가르치고 배운다. 어떻게 이런 일이 일어나고 우리는 어떻게 이에 대처해야할까?-이런 질문이 엘렌 랭어가 갖고 있는 주요 의문이다. 그녀의 명쾌한 대답이 우리가 갖고 있는 학습의 개념을 혁신적으로 바꿀 것이다.　　　　　-제롬 브루너, 사회 현상 연구를 위한 뉴 스쿨

저자의 앞선 저서 '마음챙김mindfulness'에 이은 충분히 사려 깊고 생각을 불러일으키는 저작으로, 이번에는 무조건적이고 맹목적인 교육의 부정적인 효과를 탐구했다 ……. 교육계에 차세대 패러다임 시프트paradigm shift 일지도 모르는, 아니 분명히 '인식체계의 대전환'임에 틀림없는 탁월한 소개서이다.　　　　　　　　　　　　　　　　-커쿠스 리뷰(미국 서평 전문지)

흥미롭고 매우 읽을 가치가 있는 제안이다 ……. 일곱 개의 각각 다른 학습상의 신화를 다루고 있다 ……. 전통적인 교육에 팽배해 있는 맹목적성을 줄이기 위한 시도이다.　　　　　　　　　　　　　　　　　　　　-초이스

나는 이 책 '마음챙김 학습의 힘'의 신봉자이다. 이 책은 교육계든 비즈니스든 사회 각 계층의 모든 교사들이 한 번은 읽어야 할 책이다.
　　　　　　　　　　　　　　-하워드 스티븐슨, 하버드대 경영대학원

차 례

| 감사의 글 |

이 책의 각 장에서는 내가 기쁘게 함께 작업한 다양한 우리 학생들의 마음 챙김mindfulness에 도움을 받았다. 이들의 기여는 이 책 전체를 통해 우리의 실험을 기술한 곳에 잘 나타나있다. 이 책 출간에 전반적인 도움을 주었고, 그래서 특별히 감사를 드려야 할 사람은, 1장에 나오는 더글러스 드매 Douglas DeMay와 폴 휘트모어Paul Whitmore, 4장에 매튜 리버만Mathew Lieberman, 그리고 5장에서는 베카 레비Becca Levy, 그리고 지능에 대한 우리의 작업에 협조해준 저스틴 브라운Justin Brown, 제씨에게 감사를 드린다.

이 책 전반에 대해 비평을 해주고 질문을 해준 많은 분들에게 도움을 받았는데, 로저 브라운Roger Brown, 르노아 웨이츠멘Lenore Weitzman, 트리나 소스케Trina Soske, 존 마이어즈John Myers, 앨버트 카나세일Albert Carnasale, 매리 타타르Marie Tatar, 필리스 카츠Phyllis Kats에게 감사드린다. 낸시 헤멘웨이 Nancy Hemenway도 유용한 통찰력을 제공해 주었다. 이들이 보여준 충고와 우정에 감사한다.

소피아 스노우Sophia Snow와 브라이언 에릭슨Brian Ericcson이 베풀어 준 사려 깊은 기술적인 도움에 역시 감사한다.

편집자이자 나의 친구인 메로이드 로렌스Merloyd Lawrence가 보여준 기술, 인내심, 그리고 내가 제출한 초안마다 섬세하게 지적해준 그의 지혜에 최상의 감사를 드린다.

옛날 옛적에, '빨간 승마모자를 쓴 소녀 *Little Red Riding Hood:* ' 라는 이름의 어수룩한 여자아이가 살았다. 어느 날 병석에 있는 할머니를 방문하러 가는 길에 할머니의 잠옷을 입고 있는 늑대를 할머니의 집에서 맞닥뜨리게 되었다.

"할머니, 눈이 왜 그렇게 커졌어요?"

예전에 할머니의 눈을 무수히 많이 보았음에도 평소와 다름없이 그 소녀는 멍청하게 소리 질렀다.

"게다가, 이 큰 귀는 어떻게 된 거에요?"

지난 번 방문 후에 귀가 그토록 커질 수 없는데도 그렇게 말했다.

"저음의 쉰 목소리는 또 왜 그래요?"

눈에 익은 할머니의 레이스가 달린 침실용 모자 밑으로 드러나는 털북숭이 사기꾼을 아직도 몰라보고 물어봤다.

"이빨은 왜 그렇게 커졌어요?"

이런, 아직도 알아차리지 못하고 그렇게 말했다.

어떤 종류의 신화나 동화 속의 이야기는 심오深奥하면서 단순하지 않은 지혜를 다음 세대에 전달함으로써 문화를 진작시키는데 이바지 해왔다. 하지만, 그 외의 다른 이야기들이 그런 문화의 매개체로서 역할을 해왔는지에 대해서는 의심 스럽다. 이 책은 배움의 과정을 약화시켜온 7개의 만연된 통념, 또는 사고방식에 관한 것이며, '어떻게 하면 여러 환경에서 이들 학습과정의 약화를 피할 수 있을까?' 하는 방법에 관한 것이다.

1. 기본기는 제2의 천성이 될 때까지 기계적으로 숙달해야 한다.
2. 주의력은 한 번에 한 가지 일에 대해 집중력을 유지하는 것이다.
3. 나중에 오는 만족감이 중요하다.
4. 기계적인 반복에 의한 암기가 교육에 꼭 필요하다.
5. 배운 것을 잊어버리는 것은 문제다.
6. 지능은 외부의 환경을 알아차리는 것이다.
7. 모든 질문에는 정답과 오답이 항상 존재한다.

이러한 근거 없는 믿음이 참된 학습을 방해한다. 이와 같은 통념들이 우리의 창조력을 질식시키며, 질문을 하지 못하게 하고, 자존감을 약화시킨다. 이 책 전체를 통하여 우리들은 이런 신화들을 상세히 검토하겠다. 때로는 하버드 대학이나 다른 곳에서 수행한 실험을 통하여, 또는 전 세계 각지의 동화 속의 이야기나 전래 동화 속에 나타난 통찰력을 통하여 검토한다. 이러한 통념을 뒤엎는 과정을 통해 우리는 지능의 본성에 대한 질문에 맞닥뜨리게 된다. 이 책의 마지막 두 장에서 이러한 질문들을 탐구한다. 그리고 지능을 보는 우리의 관점이 어떤 식으로 우리의 사고방식을 저해하는지도 탐색하겠다.

　배움의 과정을 방해하는 이러한 신화 같은 이야기들의 고삐를 느슨하게 하기 위해 제시한 아이디어는 매우 간단하다. 이러한 근본적인 단순함 때문에 배움의 과정을 저해하는 또 다른 신화를 지적하게 되는데, 그것은 대대적인 교육 개선작업 만이 더 효과적인 교육 시스템을 우리가 얻을 수 있다는 믿음이다.

　학교의 커리큘럼과 학생과 교사를 테스트하는 기준을 바꿀 수 있고, 교육의 전 과정에서 부모와 지역 사회의 참여를 강화할 수 있으며, 모든 학생들이 컴퓨터 시대의 한 구성원이 될 수 있도록 교육의 예산을 증가시킬 수도 있다. 그러나 학생들이 좀 더 마음을 다해서 mindfully 학습할 기회가 주어지지 않는다면, 이런 조치들만으로는 원하는 결과를 얻을 수 없다. 학생들에게 마음챙김 학습의 기회가 주어지면 앞에서 언급한 고비용의 조치들 대부분은 아마도 불필요하게 될 것이다.

　교육하는 장소가 어디든—학교, 직장, 또는 가정에서건 간에—이런 신화적인 믿음이 작동을 하게 되고, 마음챙김 학습의 기회는 상존 한다. 실용적인 학습이든 이론적인 학습이든지, 또는 개인적인 것이든 대인관계에 관한 것이든, 또는 물리학과 같은 추상적인 학습에 관한 것이든 아니면 스포츠와 같은 구체적인 기능에 관한 것이든 간에, 우리가 정보를 습득하는 방법이 그 정보를 어떻게, 왜, 그리고 언제 사용할 것인지를 결정하게 된다. 이어지는 장에서 우리는 각각의 신화적인 믿음들이 어떻게 우리들을 경직된 배움의 틀 속에 가두는지 탐색하게 되며, 더 유연하고 생산적인 접근을 하는 열쇠를 제공하게 될 것이다.

이 책은 "어떻게how-to" 보다는 "왜why-to" 식의 접근 방식에 치중한다. 그럼에도 이 책에 암시적으로 언급한 사례들이나 실험들은 의식적으로 학습하는 방법을 제시하고 있다. 이런 사례와 실험들은 우리의 선택을 인도하고자 했고, 단지 기계적으로mindlessly 따르도록 제시된 것이 아니라 각각의 독특한 맥락에 들어맞도록 조정되었다.

우리는 개인으로서도 일방적인 관점에 사로잡히게 되었을 뿐 아니라, 이렇게 형성된 시각을 우리의 사고방식 자체가 똑 같은 기계적 학습mindlessness으로 고통 받을 때까지, 서로서로에게 이 관점을 오히려 강화시킨다. 과학계에서 이러한 기계적 사고의 중요성 대한 관심이 있었다. 과학자들은 이제까지 공인된 지식에 기초한 데이터를 축적함으로써 자신의 연구를 진행해왔다. 어느 시점에서 한 과학자가 이제까지 묵인되어왔던 진리에 대해 전혀 다른 관점을 제시함으로써 사람들의 관심을 끌게 된다. 이런 일은 매우 자주 있어서 일반적으로 과학자들은 소위 '인식체계의 대전환paradigm shift' 이라고 하는 이 현상에 대해 놀라지 않는다. '뉴욕 타임스(1) 최근호에서 심리학자인 딘 라딘Dean Radin은 생각을 받아들이는 네 단계를 기술했다: ① 그것은 불가능하다. ② 가능하기는 한데, 약하고 흥미는 없다. ③ 그것은 사실이고, 내가 그렇게 말했잖아. ④ 내가 처음으로 그것을 생각했어. 내가 다섯 번째 단계를 첨부한다면, "우리는 항상 그것을 알고 있었어. 어떻게 모를 수가 있어?"

내가 여기서 사용하는 마음챙김 학습mindful learning은 아주 특정한 방식으로 쓰였는데, 전에 내가 같은 제목 Mindfulness로 쓴 책에서 정의한 '마음챙김'mindfulness이라는 개념에서 따온 것이다.[2] 어떤 행위에 대한 마음챙김 접근Mindful approach에는 세 개의 특성이 있는데: 지속적으로 새로운 범주를 창안해 내는 특성, 새로운 정보에 대해 개방적인 특성, 그리고 한 개 이상의 관점에 대한 명확한 인지를 전제로 한다. 반면, 멍한 마음상태mindlessness는 예전의 인식 범위에 구속된 것으로, 새로운 신호에 주의를 기울이지 못하는 기계적인 행동과 단편적 관점에서만 작용하는 행위로 특정 지어진다. 무의식 적 상태 즉, 멍한 마음 상태minless는 구어체 표현으로 하면 '자동 조종 장치 를 따르는 것'과 같다. 앞에 언급한 마음챙김이라는 책에서 우리의 심리적으 로 그리고 육체적으로 건강을 유지하기 위한 의식적 접근방법에 대한 장점을 언급했는데 예를 들면, 마음챙김 교육을 받은 노인들이 그렇지 않은 다른 노 인들 보다 장수하는 것으로 나타났다. 이 책에서 나는 마음챙김의 개념을 내 가 가장 잘 알고 있는 세계인, 교육과 학습의 중요성을 탐색하는데 쓰이는 렌 즈로 사용했다.

나의 여러 수업 현장에서 학생들은 자신과 다른 사람들의 기계적인 인식 방법의 사례들을 서슴없이 지적해 주었다. 이러한 사례들은 교과서에 실린 것이거나 현재 논의 중인 연구 결과에서 따온 것이다. 내 자신이 이런 멍한 인식의 주범이었을 때에, 이러한 행위를 면밀히 조사했다. 왜 내가 새로운 환 경에서 언급할 때에 오래된 정보사항을 재고해 보지 않았을까? 왜 내가 이 특정한 주제에 대해서 남에게서 얻어들은 사실을 불쑥 내 뱉었을까? 이러한 의문 사항이 나로 하여금 내가 이 전에 정보를 습득하던 방식들을 우선적으 로 조사하도록 계속 되돌아보게 한다.

매년, 어떤 교육과정에서 의사 결정과 지각된 통제perceived control 강의를 하는데, 학생이 늘어진 마음의 상태에서 벗어나게 하기 위해, 학생들에게 코에 뿌리는 스프레이 약제로 임신을 방지할 수 있는지를 질문한다. 이 분명 우스꽝스런 질문에 그들은 그냥 웃어넘기거나, 아니면 적어도 얼굴을 찡그린다. 그 때 내가 학생들에게 새로운 산아 제한 수단으로서의 '비강鼻腔스프레이' 라는 표제어가 달린, 오래된 신문의 기사를 보여주자, 학생의 관심이 되살아났다. 그들의 첫 번째 반응은 특별한 것이 아니다. 사람들은 예전에 없던 것과 마주하게 되면 그런 일이 있을 수 없다는 식의 믿음을 종종 표현하게 된다. 모든 진보는 물론, 이런 믿음을 의심하는데 달려있다. 모든 것은 똑 같지 않을 때까지는 똑 같은 것이다. "비강 스프레이로 임신을 방지하는 것이 가능할까?"라고 묻는 대신, "어떻게 우리가 비강 스프레이를 산아제한의 한 방법으로 사용해 왔을까?" 라고 질문한다면, 우리는 다른 사고의 틀에서 다른 연구에 착수하게 되는 것이다. 질문이 우스꽝스럽다고 무시해 버리는 것이 아니라 어떻게 코에서부터 난자와 정자에 도달하게 되는지에 대해 생각하기 시작하게 된다. 우리가 어떤 일을 할 수 있는 가능한 방법을 생성하기만 하면, 설사 개연성이 낮다고 해도, 해결에 대한 우리의 지각은 엄청나게 증가한다. *역자 : 자기 통제 훈련의 결과로써 (아마 다음 학기에는 새로운 질문을 준비해야만 할 것 같다. 왜냐면 호르몬 수준에 미치는 페로몬과 그 효과에 대한 최근의 연구에 의하면 코에 뿌리는 피임제의 효과가 그다지 훌륭하지 않다고 한다.)

물론 다양한 능력과 성취도를 갖추기는 했지만, 내가 만난 학생들은 가장 총명한 부류의 학생들이었다. 그 중에서 가장 뛰어난 학생도 때로는 아무 생각 없이mindlessly 행동하거나, 자신이 알고 있는 것에 대해 자신 없어 한다. 아이러니하게도, 많은 학생들이 많은 보상을 받았음에도 불구하고, 자신들에게 베풀어진 교육적 경험에 대해서는 만족하지 않는다. 그들의 불만족은 "공부는 지금, 노는 것은 나중에" 같은 우리의 인지력을 약화시키는 어떤 통념적 믿음에서 기인된 것일 수도 있다. 이 재능 있는 학생들은 지금까지 살면서 만족감을 미루는 것을 배워왔다. 아니, 공부하는 것 자체가 왜 만족할 만한 일이 아닌가? 공부가 만족할 만한 일이 아니라면, 도대체 뭐란 말인가? 만약 반복적인 암기가 시험 준비를 위한 지루한 방법이라면, 더 효과적이고 만족할 만한 공부 방법이 있다는 말인가?

이 학생들은 모두 시험을 거쳤고, 노력해 왔으며 또한 최상의 칭찬을 들을 만한 학생들이다. 이렇게 머리 좋은 사람이 틀린 대답을 했다면, 이것은 무엇을 의미하는 것일까? 그들의 틀린 대답이 순간적인 실수, 즉 멍청함의 지표일까? 아니면 이 '오답'이 재고의 여지가 있는 것일까? 이 학생이 이렇다면, 다른 모든 학생들은 왜 해당되지 않겠는가?

이 질문들에 답하는 데 있어서 나는 학습의 개념을 교실에만 국한하지는 않는다. 소위 말하는 평생학습 사회에 있어서, 우리의 발목을 잡는 의식구조는 어디에서나 발견된다: 음악 교습에서 투자 분석에 이르기까지: 텔레비전 시청에서 심리치료에 이르는 모든 분야에서 말이다. 앞으로 보겠지만, 노화와 광고를 대하는 우리의 태도, 의사 결정에 이르는 접근 방법, 심지어, 예술이나, 스포츠 또는 오락에 대한 우리의 선호도, 이 모든 것들이 학습의 본성에 대해 우리가 견지하는 관점에 달려 있다. 한 예로, 사업에서도 성공한 아주 머리가 좋은 내 여자 친구 한 명이, 슬프게도 집중력 장애를 가진 것으로 알려졌다. 나는 깜짝 놀랐다. 나는 주의력 결핍 과활동성 장애ADHD에 관한 엄청난 양의 문헌들을 뒤져서 장애에 대한 증상들을 읽었으며, 나 자신도 이 증상이 있다는 것을 발견하곤 더욱 놀랐다. 어쩌면 내가? 도대체 주의를 집중한다는 것이 정확히 무엇을 의미하는 것일까? 결핍 또는 장애에 대해 분별력 있게 얘기하기 전에, 우리는 이 질문부터 답해야 한다.

이와 같은 근본적인 질문으로부터, 나는 교육과 우리의 학습방법에 관한 좀 더 일반적인 조사를 착수하게 되었다. 관찰과 실험을 하는 방법으로, 어떻게 위에 언급한 7개의 특정한 신화적인 믿음들이 우리가 학습하는 것을 어렵게 하며, 그 과정에서 가르치는 것을 어렵게 만든다는 것을 알게 되었다.

chapter 01

연습이 능사가 아니다
When Practice Makes Imperfect

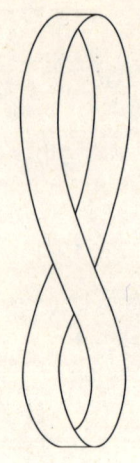

어린 왕자가 이 행성에 도착했을 때, 왕자는 존경스런 마음으로 등대지기에게 인사를 했다.

"좋은 아침입니다. 그런데 왜 이제 막 램프를 껐습니까?"

"지시사항입니다," 등대지기가 대답했다.

"예, 좋은 아침입니다." "지시사항이 뭐지요?"

"지시사항이 그저 램프를 끄는 것이지요. 안녕하세요, 이제 저녁이군요."

그러고 나서 그는 다시 램프를 켰다.

"그런데 왜, 다시 램프를 켠 건가요?"

"이것도 지시사항입니다." 등대지기가 대답했다.

"나는 이해가 안 돼요," 어린 왕자가 말했다.

"이해가 되고 안 되고 할 것도 없어요," 등대지기가 말했다.

"지시사항은 그저 지시사항일 뿐입니다. 다시 아침이군요."

그는 다시 램프를 껐다.

그리고 그는 빨간색 정사각형들로 장식된 손수건으로 이마를 닦았다.

"이건 말하자면 끔찍한 직업 근성이지요. 예전에는 이 일도 보람이 있었지요. 나는 아침이면 등을 끄고 저녁이 되면 다시 켜곤 했지요. 그래서 낮 동안은 휴식을 취할 수 있었고, 밤 시간 동안은 잠을 잘 수 있었지요."

"그러면 그 때 이후로 규칙이 바뀌었다는 말인가요?"

"규칙 자체는 바뀌진 않았습니다," 라고 등대지기가 말했다.

"그게 바로 비극이야! 해마다 행성은 더 빨리 회전을 해왔지만 규칙은 변하질 않았으니."

『어린 왕자』 생떽쥐베리[1]

날마다 그 천상의 등대지기는 자신의 숙련된 임무를 잘 수행했다. 이제 이 일은 그에게 제2의 천성이었다. 하지만, 행성 자체는 세상의 다른 물체와 마찬가지로 계속 변화하는 중이었다. 행성의 궤도는 고정되어 있었지만, 궤도의 상황은 바뀌기도 했다.

교육이건 다른 종류의 훈련이건, 가장 잘 알려진 통념通念 중의 하나는, 어떤 기술을 터득하기 위해서는 누구라도 그 기술을 무의식적으로 조작할 수 있을 정도의 수준까지 연습을 해야 한다는 사실이다. 내가 고등 교육에 관심이 있는 동료들이나, 어린 아이들의 부모, 또는 학생들 자신들에게 (이에 대해) 질문을 하더라도, 누구라도 소위 우리가 '기본사항'이라고 부르는 이 접근 방법에 동의하는 것 같다. 야구를 잘 하는 방법이나, 운전하는 법, 또는 가르치는 방법에 관한 것이건 간에, 충고는 똑 같다: 이 기능이 제2의 천성이

될 때까지 기본기를 숙달하라는 것이다. 하지만 내가 생각하기에 이 방법은

시작부터 잘못된 방법이다.

익숙해진 기술

Overlearned Skills

왜 잘못된 방법인지 설명하기 전에, 앞에서 언급한 각각의 기능들에 대해서 기본기 습득에 관한 사람들의 신념에 의문을 제기해야 할지도 모르는 상황의 예를 하나씩 들어 보겠다.

어릴 적 여름 캠프에서, 나는 야구 배트를 정해진 방법대로만 들고 연습하도록 교육 받았다. 배트를 무의식적으로 들도록 함으로써, 내가 치려고 노리고 있는 특정한 투구와 같이, 게임의 다른 국면들에 대해서도 주의를 기울이도록 하기 위해서였다. 수년 동안 불완전하게 무게를 들어 올리다 보니, 지금에 와선 오른 쪽 팔이 왼쪽 팔보다 더 강해졌다. 이런 차이에도 불구하고 나는 여전히 똑 같은 방식으로만 배트를 들어야 하는 것인지? 모든 사람들이 똑 같은 방식으로 배트를 들고 있어야 하는 것인지?

내 운전 기능에 매우 익숙해져 있기 때문에, 나는 방향 전환하기 전에 자동으로 방향 지시 신호를 보낸다. 이제, 내가 빙판길 위에서 방향을 전환하려고 한다고 하고, 차가 약간 중심을 잃었다고 가정하자. 이 경우 내가 만약 예전 방식대로 익숙하게 방향지시등을 조작한다면, 뒤차에게 상황이 잘 정돈된 것처럼 보이도록 해서 잘못된 정보를 주는 것은 아닐까? 이런 때는 차라리 비상등을 사용하는 것이 더 적절한 방법이 아닐까? 최근에 나는 뉴멕시코에 강연을 갔었다. 공항에서 택시를 타고 사막을 가로 질러 있는 호텔까지 갔었는데, 수마일 이상 가는 동안 차라곤 한 대도 보이지 않았다. 하지만 택시 기사는 매 번 방향을 전환할 때마다, 의무적으로 방향지시등을 작동시켰다.

미국에서의 운전에 익숙한 당신이 휴가차 런던으로 휴가를 갔다고 치자. 거기서는 차들이 도로의 좌측으로 통행한다. 만약 앞차가 중심을 잃고 도로를 벗어난다면 당신은 재빠르게 반응해야만 한다. 이 경우 당신은 예전의 습관으로 되돌아올 것인지, 아니면 현 상황이 요구하는 대로 반응해 사고를 피할 것인가? 비상상황이란 것이 때로는 예전 훈련의 반응에 따른 행동의 결과이지, 현 상황에 대응해 취한 행동의 결과가 아니라는 사실은 꽤나 흥미롭다.

교육자들, 아니 모든 강연자들의 "기본적인 기술"의 하나는 많은 양의 정보를 취합해서, 한입 크기의 조각으로 학생들에게 제시해 주는 능력이다. 가르치는 사람들에게는, 정보를 작은 덩어리로 압축하고 체계화하는 것이 제2의 천성인 것이다. 강의를 위해서 어떻게 정보를 준비할 것인가에 숙련된 우리의 교사들이, 학생들이 더 이상 수업에 관심이 없는 상황을 도외시 한 채, 준비된 수업 내용만을 계속 진행하는 일이 얼마나 자주 있는지? 준비한 모든 수업내용을 제시하는 것만이 능사인양, 수업내용이 수업목적 자체를 압도하는 상황을 너무나 자주 보아 왔다.

학생들에게는, 노트 필기가 제2의 천성으로 익숙하고 숙달된 기술이라고 할 수 있다. 우리들 대부분은 예전에 필기한 것을 돌아보려고 노트를 들춰 보았지만, 그 내용이 무엇을 의미하는지 전혀 알아볼 수 없었던 경험을 갖고 있을 것이다.

여행을 하다보면, 사고思考의 경직성에 대해 특별히 더 잘 알게 된다. 몇몇 아시아 나라에서 운전자들은 도로의 왼쪽 편으로 운전을 하고, 보도를 바쁘게 오가는 보행자들도 거기에 따라 왼쪽 또는 오른쪽으로 붙어 서서, 자동차들과 같은 패턴을 따른다. 아시아를 여행할 때, 보도에서 마주 오는 사람들과 얼마나 자주 맞닥뜨릴 뻔 했는지를 생각하면, 본디 무의식적으로 습득된 것이기는 하지만, 우측통행과 같은 그런 단순한 실행조차도 바꾸기가 쉽지 않다는 것을 알게 된다. 다른 나라들을 여행할 때 마다 규칙은 바뀌었으며, 그럴수록 더욱 당혹스러웠다.

하노이의 한 화랑에서, 서구의 예절관습에 대한 기본적인 훈련의 결과를 경험할 수 있었는데, 화랑의 주인이 나에게 그림들을 잘 볼 수 있는 의자에 앉기를 권했다. 나는 정중하게 그 제안을 거절했다. 그 후에 그는 세 차례나 더 앉기를 종용했다. 그는 고객이 서서 보는 것을 좋아할 때는 어떻게 해야 하는지에 대해서는 교육을 받지 않은 듯 했다. 그럴 경우 어떻게 처신할 것인가에 대해서 자신이 받은 교육에서 단서를 찾으려고 했지, 상황으로부터는 찾지 못했던 것이다.

싱가포르에서 택시를 타고 차이나타운을 가는 도중에, 중국인의 인구가 얼마나 되는 지를 기사에게 물은 적이 있다. 그가 답하길, "전 인구의 76%가 중국인입니다." 내가 다시 물었다. "77%가 아닌 것을 확신합니까?" 그는 소리 내어 웃고 말았지만, 내 생각에는 많은 사람들이 내 질문이 무엇을 의도했는지 확실히 알지는 못 했을 것이다. 정부에서 전 인구의 76%가 중국인이라는 보고서를 발간했고, 또 많은 사람들이 어느 한 순간의 출생, 사망, 전출 이민자, 또는 전입 이민자들의 수가 전체 중국인의 수를 변화시킬 수 있다는 사실을 염두에 두지 않고, 정부의 발표를 그대로 믿어 버린 것이다. 우리들 대부분은 이런 식으로 정보를 받아들이도록 교육받아 왔다. ―새로운 상황을 무시한 채 사실로 받아들인다.

우리가 어떤 기술을 제 2의 천성이 될 때까지 숙달한다고 하는 것이 그 기술을 아무 생각 없이mindlessly 수행한다는 의미일까? 이처럼 과잉학습에 이를 때까지 연습을 함으로써 우리 자신의 능력에 한계를 정하는 것은 아닌지? 성인이건 어린 아이이건 우리가 새로운 기술을 접한다는 것은 말 그대로 그때까지 그 기술에 대해 백지 상태에 있다는 것을 의미한다. 그 시점에 우리가 각각 다른 환경이나 다양한 단계에서 새로운 기술을 시도해 보기도 전에 더욱이 자신의 힘과 능력, 경험에 적용해 보려는 노력을 기울이기 전에 그 기술에 대해 이해하려는 노력을 포기하는 것이 합당한 것일까? 그리고 그 기술에 대해 거의 백지 상태인 초기에 배운 것을 고수함이 옳은가? 새로운 기술을 습득할 때는 각각의 개인적인 단계에 반드시 신경을 써야 한다. 우리가 지나치게 연습에 치중한다면 기술의 개인적인 구성요소를 근본적으로 무시하게 되고, 따라서 작은 변화라도 적용하기 어려워진다.

기계적 암기, 즉 생각 없이 무조건 기본기를 익히는 것은 분명 범재凡才 양산에 그칠 것이다. 적어도 이 방식은 더 효과적인 수행을 위해서 잠재력을 극대화하려는 학습자들의 노력을 빼앗는 것이며, 이 책 3장에서 볼 학습의 즐거움을 위한 잠재력을 키우지 못하게 한다. 테니스를 예로 들어보자. 테니스 캠프에서는, 정확하게 라켓을 잡는 방법과 서브할 때 정확하게 공을 건네는 방법을 배운다. 우리 모두는 똑 같은 방법으로 교육 받는다. 나중에 유에스 오픈U. S. Open 경기를 보게 되었는데, 세계의 정상급 선수들 중 아무도 내가 교육 받은 대로 서브를 넣은 선수가 없다는 것을 알게 되었고, 더욱 중요한 것은, 그들 각자가 조금씩 다르게 서브를 넣는다는 사실이었다. 우리는 기술을 익힐 때, 그것이 학술, 운동, 또는 미술 교육에 관한 것이든 간에, 진짜 전문가에게서 교육을 받는 일은 거의 없다. 우리가 연습할 때의 규칙은 그 과제를 어떻게 수행하느냐에 대한 일반적으로 용인된 사실에 기초한 것이지, 우리의 개인적인 능력에 기초한 것은 아니다. 이러한 기술을 규칙대로 아무 생각 없이 연습 한다면, 우리는 우리의 스승을 앞지를 수가 없다. 설사 우리가 운 좋게 사계斯界의 전문가에게서 교육받을 기회가 주어진다 하더라도, 생각 없이 연습만 해서는 진정한 나 자신만의 기술을 터득할 수는 없다. 내가 설사 마르티나 나브라틸로바가 서브하는 것과 똑같이 연습을 한다고 하더라도, 라켓을 잡는 그립이 그녀의 손이 아니라 내 손의 크기에 의해 결정되고, 받아넘기는 공도 그녀의 키가 아니라 내 키에 의해 영향을 받게 되고, 심지어는 우리의 근육 양에 차이가 있음에도 (타고난 재능의 차이는 차치하더라도) 내가 그녀처럼 그렇게 잘 할 수 가 있을까? 스승의 가르침을 당연한 것이라 해도 나와 스승 각자의 개인적인 차이점이 문제가 될 수 있다. 우리가 기본기를 익히되 필요 이상으로 학습하지 않는다면, 우리는 우리의 신체적 조건이 변화에 맞춰, 또는 상황이 변하는 대로 그 기술을 다양하게 적용할 수 있다.

누구의 기본기인가?

Whose Basics?

아마도 기본기라는 말의 개념 자체도 재고되어야 한다. 이른바 '기본기'란 기준을 정하는 과정에서 파생된 말이다. 기본기는 보통 대부분의 사람들에게 어떤 시점에, 적어도 부분적으로 적용할 수 있는 것이다. 이것은 어떤 사람들에게는 전혀 도움이 되지 않는다. (예를 들면, 손가락 하나가 없는 사람에게 라켓 잡는 방법이나, 난독증이 있는 사람에게 교재를 읽는 방법 등과 같은) 기본기를 모든 상황에서 모든 사람이 맨 처음 거쳐야 도움이 되는 건 아니다. 만약 아무 생각 없이 무조건적으로 습득하면, 변칙적 적용이 더 유리한 경우에는 그 기술을 적용할 수 없게 된다. 모든 사람들에게 필요한 정해진 기본기가 있다고 말하는 사람도 있지만, 정해진 기본기라는 것은 애당초 존재하지 않는다.

교육현장에서, 교사에게는 모든 사람들에게 필요한 일련의 기초 과정을 가르치는 것이 더 쉬운 일인 것처럼 보인다. 왜냐하면 교사는 수업 준비를 덜 해도 되고, 한 가지라도 판에 박힌 기초지식에 대해 학생의 동의를 구할 필요가 없으며 (무조건 기계적으로 암기해야 하기 때문에), 그렇게 함으로써 교사의 권위에 대한 복종심을 조장한다. 따라서 다수의 학생들에게 동시에 개별화된 맞춤 교육을 하기는 불가능해 보인다.

하지만, 미래의 전문가로 가득 찬 교실에서 기본기에 대한 마음챙김 학습 mindful learning을 할 수 있는 방법이 있다. 의식적 접근방식의 근거는, 한 분야의 전문가는 일정 부분 이러한 똑 같은 기본기에 변화를 줌으로써 전문가가 된다는 믿음에 기초한다. 질문하는 것을 배우지 못한 우리들 대부분은, 기본기를 당연한 것으로 여긴다.

의문의 가치

The Value of Doubt

이 새로운 교육방법의 핵심은 세상의 조건적인 본성, 즉 상황에 의존하는 본성의 이해와 불확실성에 대한 가치의 이해에 근거하고 있다. 조건적인 방식으로 기술이나 사실을 가르침으로써, 학생들에게 의문의 단계를 설정하게 하고, 상황의 차이가 학생들이 학습하는 데 얼마나 미묘한 변화를 불러일으키는지 깨닫게 한다. 이런 교육방식은 교사에게 별도의 짐을 지우는 것은 아니다. 오히려, 교사들의 마음챙김을 강화할 수 있다. 그 이유는 이 방식이 학생 각자에게 자신의 잠재력의 실현을 돕기 때문이다.

처음에는 사소하게 보일 수도 있지만, 우리가 아무 생각 없이 배운 것들을 바꾸는 것이 결국에는 얼마나 어려운지 확연하게 보여주는 예를 하나 생각해 보자. 친구네 집 저녁 식탁에서 포크가 접시의 오른 쪽에 놓인 것을 보았는데, 물론 나는 예의를 지키느라 아무 말도 안 했지만, 여전히 그 방식이 어떤 자연스런 규칙에 위반된다는 생각을 감출 수 없었다. 이 느낌이 터무니없다는 것을 알기는 했지만, 포크가 접시의 왼 쪽에 차려져야 한다는 생각을 지울 수 없었다. 심지어 어떤 면에서는 친구가 준비한대로 포크를 오른 쪽에 놓는 것이 더 합당할 수 있겠다는 생각이 들었다. 만약, 이 동네에 사는 대부분의 사람들이 포크를 오른 손으로 잡는다면 말이다. 내 고정 관념은 어디서 온 것일까? 어렸을 때 엄마가 테이블 세팅하는 법을 가르쳐 주었는데, 당시에 엄마의 관점에 대해 의문을 제기하지도 않았고, 그럴만한 큰일도 아니었다. 그냥 엄마가 그렇게 얘기했고, 나도 아무 생각 없이 그렇게 배웠다.

부엌에 조금 더 머무르면서 얼마나 많은 사람들이 요리를 하는지 생각해 보자. 과거에 언제 어떻게 정해진 재료와 양념을 사용해야 하는지에 대해 배웠기 때문에, 우리들 대부분은 세대가 다른 사람들, 사소한 건강상의 문제가 있는 사람들을 위해서 또는 계절과 같은 다른 요인에 맞춰서 조리법을 변경하는 것은 엄두도 못 낸다. 그러나 뜻하지 않은 변화가 때로는 유용한 학습이 되기도 한다.

일 년에 한 번 나는 빵을 굽는다. 마블 치즈케이크marble cheese cake에 대한 훌륭한 조리법을 알고 있는데, 내가 이 케이크를 망치는 일은 없을 듯하다. 마블 치즈케이크를 처음 만들 때, 오븐 안에다 몇 분 간 집어넣었는데, 이 때 헤비 크림을 뿌리는 것을 깜빡했다는 것을 알았다. 오븐에서 케이크를 끄집어내서 크림을 뿌렸다. 다음번에는 라이트 크림을 사용해 봤고, 그 다음에는 헤비 크림과 라이트 크림을 반반 섞어서 사용해 보았는데, 매 번 아주 만족할 만한 결과였다. 별 생각 없이 한 번은 초콜릿을 뿌렸는데, 케이크는 웬일인지 마블드 케이크가 아니라 스페클드speckled 케이크가 되어버렸다. 사실 나는 한 번도 빵 굽는 방법을 배운 적이 없었기 때문에, 조리법에 어긋나는 것이 재앙이라는 생각이 들지 않았다. 나는 단순히 케이크의 이름만을 바꿔 버렸기 때문에 (대리석 질감에서 점박이 케이크로), 이것이 저질의 마블 케이크가 되지는 않았다. 이 완벽하게 오류가 없는 치즈케이크는 항상 내 입맛에는 맞았는데, 그 이유는 내가 좋아하는 재료만을 사용하기 때문이며, 더욱 중요한 것은 내가 정해진 조리법을 생각 없이 따르기보다는, 다양하게 케이크 만드는 것을 즐기기 때문이다.

학교나, 집에서나, 텔레비전이나 논픽션 책을 통해서 배우는 대부분의 것들을 우리는 아무 생각 없이 받아들인다. 이유는 이것들이 무조건적인 형태로 우리에게 주어지기 때문이다. 그것은 정보들이 마치 언제나 사실이고, 상황에 관계없이 일방적인 관점으로 제공되기 때문이다. 이 정보들은 단지 그렇게 존재한다. 대체로, 불확실성은 전달되지 않는다. 우리가 이 세상에 대해, 다른 사람들에 대해, 그리고 우리 자신에 대해 알고 있는 정보의 대부분이 통상 이와 같은 방식으로 처리된다.

우리는 연습방법의 지시를 액면 그대로 받아들여 기술을 익힐 수도 있고, 아니면 시간이 지나면서 그 기술이 무엇을 필요로 하는지에 대해 이해하는 단계에 도달할 수 있다. 후자의 경우라도, 우리는 궁극적으로 그 기술을 완전히 숙지하려고 한다. 오래 전에 로이스 임베르Lois Imber와 내가 행한 연구에서, 사람들이 기계적으로 익숙해지도록 어떤 과제를 과잉학습하게 될 때, 그 기술을 구성하는 개인적인 단계들이 점점 더 큰 단위로 합치는 경향이 있음을 발견했다.[2] 우리의 과제수행을 증진시키는 것은 다름 아닌 이러한 작은 요소들을 조정하고 다양하게 적용함으로써 가능함에 불구하고 결과적으로 행위의 작은 구성 요소들이 마침내 사라져 버리게 된다.

최근에 나의 학부 학생들인 디나 더드킨Dina Dudkin, 다이애나 브란트Diana Brandt, 그리고 토드 보드너Tod Bodner와 행한 연구에서, '조건적으로 가르치면 학생들이 다른 상황에서 정보를 창조적으로 조작할 것'이라는 생각을 직접 실험했다. 학생들에게 조건적으로 가르치는 방법은 놀랄 정도로 간단할 수도 있다.

예비시험에서 경험과 교육 수준이 비슷한 고등학생을 대상으로 물리 교육을 받도록 했다.[3] 수업은 비디오로 녹화 되었는데, 모든 학생들이 같은 비디오테이프를 관람했다. 비디오를 관람하기 전에, 절반의 학생들에게는 다음의 지시사항이 담긴 안내장을 나누어 주었다. 내용은 두 부분으로 나누어져 있는데, "Part I은 비디오 30분 분량으로 몇 가지 물리학의 기본적인 개념을 소개하는 내용입니다. Part II는, 비디오에서 학습한 개념을 적용할 수 있는 짧은 설문으로 구성되어 있습니다. 비디오는 물리학에 관한 몇 가지 관점 중 하나에 대한 내용인데, 설문지 작성에 도움이 될 수도 있고, 그렇지 않을 수도 있습니다. 당신은 이 문제들을 해결하는데 있어 당신이 원하는 추가적인 방법을 사용해도 됩니다." 나머지 절 반 학생에게도 같은 내용이 전달되었으나. '물리학에 관한 몇 가지 관점'이라는 내용과 답안작성에 있어 '추가적인 방법'에 대한 언급이 빠져 있었다. 우리의 가설은, 대안을 허용하는 지시사항이 학생들에게 마음챙김을 조장할 수 있다는 가정에서 설정되었다.

과제물의 직접테스트에서는 두 그룹 모두 좋았다. 하지만, 주어진 정보내용을 넘어 추론과정이 필요한, 즉 정보내용을 창조적으로 사용해야 하는 설문내용에서는 판이한 결과가 나왔다. 설문을 답하는 데 있어, 비디오내용이나 지시문에서도, 학생들에게 예전에 배운 지식이나 경험을 사용해서는 안된다는 언급이 없었음에도, 의식적 지시사항을 들은 학생들은 그런 경향을 보였다. 이런 지시사항을 듣지 못한 학생들은 과제에 대해서 불평했다. 이 조사의 결과(의식적 불확실 상황)에 대해 속단하기는 이르지만, 나의 책 "마인드풀니스"(Mindfulness: 우리나라에서는 "마음 챙김"이란 제목으로 2008년 『동인출판사』에서 출간되었다)에 충분히 설명했듯이, 앨리슨 파이퍼Alison Piper와 행한 예전의 연구에서도 이 접근방식이 장점이 있음을 시사했다.[4] 그 연구에서 두 그룹의 학생들은 일련의 과제물을 받았는데, 조건적이거나("이 문항은 ……. 일 지도 모른다.") 아니면 확정적인 형태("이것은 ……. 이다")의 설문에 답해야 했다. 예비실험에서 기술한 대로 조건적인 정보 제공이 학생들에게 다른 대안을 찾는 것을 허용하는지 아닌지를 알아보기 위해 테스트했다. 결과는 조건적으로 교육받은 학생들만이 과제를 창조적인 방법으로 사용한다고 판단된다.

정보를 마음을 써서mindfully 전달하는 또 다른 방법은 학생들의 마음챙김 mindfulness을 이용하는 방법이다. 이 방식은 하버드 의과대학의 제리 에브론 Jerry Abron 교수가 나에게 제안했다. 애브론 교수는 우리 학과의 학생들에게 한 강의에서, 그가 무작위로 행한 임상실험에서 테스트한 어떤 약에 대해서 설명했다. 이 실험에서 환자들에게 이 약이나 무독성 물질인 위약僞藥 : placebo이 제공되었는데, 환자들은 자신이 받은 것이 어떤 것인지는 알 수 없도록 했다. 강의 도중, 애브론 교수는 구토, 두통, 그리고 피로감 같은 약의 부작용에 관한 증상을 칠판에 나열하고는, 각각의 증상 옆에다 다소 과장된 증상의 비율을 적어 넣었다. 그 리스트를 보고 난 우리들은, 다소 위험스런 처방일 수 있다고 생각했었는데, 사실 그 숫자들은 위약을 받아든 그룹에만 국한 된다는 것을 나중에 알았다.

비슷한 방식으로, 정보들은—심리학적 정보든 역사적인 정보든—주요 변수에 해당하는 숫자가 바뀌어 제시되기도 하는데, 그리고는 학생들에게 이렇게 뒤 바뀐 "사실"에 대해서 설명해 보라고 요구하기도 한다. 우리는 이렇게 뒤바뀐 순서로 일하는 것에 능숙하며, 또한 어떤 관점을 합리화하기 위해 이유를 둘러대는데 익숙해져 있다. 이렇게 함으로써 우리는 때때로 한 가지 견해에만 집착하기도 한다. 학생들이 더 많은 이유를 만들어 내면 낼수록, 그 "사실"이 진실이라고 믿는 경향이 있다는 것을 알아냈다. 교실 안이건 밖에서건 우리가 이런 식으로 생각하면 할수록, 우리는 더욱 더 한 가지 정답만을 믿으려고 한다. 교실에서, 학생들에게 내가 얘기한 것의 정반대가 사실이라고 밝히면, 학생들은 더 이상의 토론도 없이 그 관점을 받아들이는 듯 하다. 주어진 정보를 설명하는데 있어, 처음부터 몇 가지 방법, 어쩌면 꽤나 이질적인 다른 방법이 가능하다는 것을 알고 기본적인 것을 숙지하면 할수록, 우리는 더욱 많은 대안들을 생각해 낼 것이다.

이 점을 보다 명백하게 하기 위해서, 권위에 복종하는 것에 대한 밀그램의 연구를 예로 들어본다. 물론 그 연구에 대해 잘 모르는 학생들을 대상으로 해야 한다.[5] 이 연구는 피험자들에게 교사의 역할을 맡도록 해서, 학생이 잘못을 할 때마다 학생에게 충격을 가하도록 했다. 피실험자들 모르게, 실험자는 미리 그 학생에게 실제로 아프지 않더라도 엄청나게 아픈 척 소리를 지르라고 지시를 해놓았다. 충격은 점점 더 강해지는 것처럼 보였고, 학생이 정말 죽을 것처럼 보였지만 피실험자에게는 계속해서 충격을 가하라고 시켰다. 일정 비율의 피실험자들이 실험자의 명령에 복종해 가장 강한 수준의 충격을 가했다. 교육의 목적으로 이 연구를 토론하는 과정에서 나는 칠판에 둘로 나눠진 표를 그리고, 명령에 충실히 복종한 사람들과 명령에 복종하지 않은 사람들의 비율을 표시했다. 첫 칸에 35%라고 쓰고 두 번째 칸에는 65%라고 써넣었다. 학생들은 왜 대부분의 사람들이 명령에 복종하지 않았는지에 대해 "사람들은 누가 억지로 시키는 일을 하기 싫어하기 때문에," "사람들은 동정적이어서 다른 사람들이 고통 받기를 원하지 않기 때문에" 등 나름대로 설명을 했으며, 그런 결과가 나오는 것은 당연하다는 듯, 그들의 설명은 상당히 확신에 차 있었다. 바로 이 때, 나는 칠판을 돌아보며 한마디 던진다. "아, 제가 숫자를 바꿔 썼군요!"

성性적인 차이도 새로운 기술이 절대적 방식(단정적 방식)으로 습득되는지 아니면 조건적 방식으로 습득되는지 가늠하는 변수가 될 수 있다. 로리 피에트라츠Lori Pietrasz와 나는 이 문제를 탐색하기 위해 한 연구를 진행했다.[6] 남성들이 육상 경기와 같은 스포츠를 여성보다 더 잘하는 이유가, 그들이 지시 사항을 처리하는 방식에 차이가 있기 때문이라는 가설을 세웠다. 일반적으로 어린 여자애들은 "착한 소녀"good little girls 가 되도록 교육을 받고 자라는데, 이 말은 "시키는 대로 해라"로 달리 표현할 수 있다. 반면에, "진짜 사나이" real boy가 되기 위해서라는 말은 권위에 의존하지 말라는 은유적인 표현인데, 그 말은 "시키는 대로 전부 따라하지 말라."는 의미이다. 이 차이점이 스포츠와 같이 성을 구분하는 활동에 특히 두드러진다. 우리의 가설은, 착한 소녀가 되도록 동기부여를 하는 것이 여성으로 하여금 기본기에 대한 정보를 받아들이는데 있어 절대적인 방식 또는 무조건적인 방식을 취하도록 하는 것 같다. 비슷하게, 어느 정도 반항적이 되는 것은 조건적이고 의식적 학습을 하게 하는 것으로 생각된다.

이 전에 배운 내용을 최대한 배제하기 위하여, 실험의 참가자들에게 새로운 게임을 하는 방법을 가르쳤다: 공치기Smack-it ball. 게임은 스쿼시와 비슷한데, 다만 야구 글러브 크기의 작은 라켓을 양 손에 끼고 한다는 것만 달랐다. 남성 참가자의 절반과 여성 참가자의 절반은 라켓을 사용하는 방식에 있어서 조건적인 방식이거나, 아니면 단정적인 언어로 지시를 받았는데 (예를 들면, "이런 식으로 손을 잡아도 됩니다." vs "손은 이렇게 잡아야 합니다.") 게임을 연습하고 나서 우리는 슬쩍 훨씬 무거운 공으로 바꿔치기를 했는데, 그래서 연습할 때 썼던 공을 다룰 때와는 다른 몸동작을 필요로 했다. 그렇게 하고 수행결과를 지켜보았다. 남성 참가자는 지시 사항을 변경할 필요가 없으리라고 추측했다. 왜냐면 이들은 어떤 지시사항이든지 그 것을 자신들에 맞도록 조건화하리라고 가정했기 때문이다. 반면, 여성은 원래의 학습방식에 사로잡혀—단정적인 방식으로 교육을 받았을 때—변화된 환경(더 무거운

공)에 적응하지 못 할 것으로 기대했다. 따라서 그들의 수행결과는 조건적인 방식으로 교육받은 참가자와 비교해 떨어졌다. 결과는 우리가 예상했던 그대로였다. 게다가, 여성들이 조건적으로 교육받았을 때에 그들의 수행결과는 남성 참가자들과 차이가 없었다.

이런 관점에서 성을 구별하는 다른 과제를 연구하는 것도 흥미롭다. 여자아이들이 어릴 때는 남자아이들보다 수학점수가 좋은 반면, 고등학교나 대학에서는 일반적으로 그 반대 현상이 나타난다. 초창기에 배운 수학교육이, 고등수학으로 넘어 가면서 많이 수정된다. 처음에는 숫자뿐 이었지만, 나중에는 소수도 있고, 무리수, 그리고 다른 수열과 같은 것들이 있다는 것을 알게된다. 원래의 정보사항만을 곧이곧대로 받아들이면, 새로운 정보를 수용하기 위해 이렇게 꽉 막힌 상자를 개방하는 것이 더욱 어려워진다. "착한 소녀들"은 이런 식으로 교사나, 권위로부터 기본사항들을 배우게 된다.

옆길 학습

Sideways Learning

새로운 기술을 가르치는 두 가지의 표준적인 방법은 '하향식' 방식과 '상향식' 방식이다. 하향식 방식은 추론적인 강의방법에 의존하는 것이다. 상향식 방식은 새로운 활동을 체계적으로 반복 연습하는 직접 경험에 의존한다. 두 방식 모두 추종자들이 있긴 하지만, 나는 제3의 대안을 찾았다. 위로부터 명령을 부과하거나, 실습을 통해 학생들을 반복적으로 세뇌하기보다는, 학생들과 함께 이런 두 전통적인 방식을 따르지 않는 학습효율성을 조사한 적이 있다. 이러한 접근 방식을 '옆길 학습'이라 부를 수 있다. 내가 만들었던 오류가 전혀 없는 치즈케이크가 한 예例인데, 치즈를 만드는 기본지식이란 것이, 틀에 박힌 조리법이라기보다는 대략적 안내서로 제공됨으로써 계속 바뀌는 것이다.

옆길 학습의 목표는 마음챙김 상태를 유지하는 것이다. 우리가 보아온 것처럼 마음챙김의 개념은, 같은 개념으로 보이지만 사실은 다른 버전인 어떤 심리학적인 상태에 주목하고 있다. ① 새로운 것에 열려 있는 상태 ② 차이에 대한 민감성 ③ 다른 상황에 대한 감수성 ④ 명시적이지는 않아도, 다양한 관점에 대한 암시적 인식 ⑤ 현재 지향성[7] 각각의 특성이 다른 특성을 끌어내기도 하고, 본래의 특성으로 피드백 되기도 한다. 새로운 것에 대해 열려 있는 마음으로, 차이점과 상황의 변화, 다양한 관점을 능동적으로 감지하면서 어떤 기술이나 과제를 학습함으로써—옆길 교육—우리는 현재 진행되고 있는 상황의 변화를 잘 수용할 수 있다. 이런 마음의 상태에서, 컴퓨터로 자동실행하기보다는, 기본기술과 정보가 우리의 행동을 현재시점에서 개략적으로 인도할 수 있다.

마음챙김은 개별적인 세부 사항들을 총체적으로 알아차릴 수 있게 해준다. 주어진 과제를 몇 개의 부분으로 나누어 수행할 때 가장 잘 습득할 수 있다는 이론이 있는데, 이 방법으로는 의식적사고로 차이점을 인식하는 지식습득은 결코 불가능하다. 경험을 미리 잘게 쪼개는 것만으로는 의식적 이해에 도달할 수 없다. 하지만, 옆길학습도, 같은 영역을 나누는 다양한 방식에 주의하기도 한다. 옆길학습은 무한한 범위를 설정하게 하고, 하나의 과제를 다른 것과 차별화하는 변별력을 창출할 수 있게 할 뿐 아니라, 마음챙김을 유발하는 데 필수적이다.

초보자들도 마음을 써서 이해하는 방식을 잘 습득할 수 있을까? 어떤 상황에 처해야 우리가 가진 정신적 자원을 모두 끌어내 복잡한 기술을 배우고 유지할 수 있는 능력을 키울 수 있을까? 우리의 한 예비연구(나중에 다시 언급하겠지만)에 의하면, 사람들이 기본기를 특정한 방식으로 단계적으로 축적함으로써 능숙해지는 것이 아니라, 통상적인 방법을 창조적으로 변형함으로써 높은 유용성과 능숙함을 얻을 수 있다고 한다.

체계적으로 발전해온 피아노 레슨처럼 상당히 고전적인 방법으로 기교를 익히는 것이 정확한 연주를 위한 몇 가지의 규칙을 내부화하는 것이라고 사람들은 믿는다. 하지만 연주자를 평가하는 비평가들의 관찰 내용은 이 고전적 학습주장에 의문을 제기한다.

어떤 연주자들은 피아노 건반 위의 손가락 동작에 너무 몰입되어 있어서, 마치 몸의 다른 부분이 연주에 어떻게 참여하고 있는지, 손동작을 지원하기 위해 어떤 식으로 기여하고 있는지에 대해서는 전혀 의식하고 있지 않은 것 같다. 만약 어떤 피아니스트가 임의적이고 조작 가능한 신경학적 영역에 사로잡혀 있다면(일부러 몸짓을 가장한다면), 이 집착된 감정이 그의 연주에서 배어 나오게 된다. 이 연주는 계산된 음악으로 들릴 뿐이지, 자발적인 감흥에 의하여 형성된 것이 아니다. 그래서 평론가들이 때때로 거장들에 대해 기교가 뛰어남에도 불구하고, 그들의 연주는 감정이 없고, 기계적이며, 개성이 없다는 등의 비평을 한다. 유명한 독일의 피아니스트인 발터 기제킹Walter Gieseking은 그의 제자들에게 피아노를 벗어나서 음악을 공부하도록 요구했는데, 그렇게 함으로써 기교나 정확한 연주에 전혀 신경을 쓰지 못하게 하려는 의도였다.

이런 연주자에게는 민첩한 양 손의 움직임과 무표정한 몸통 사이의 부드러운 연계 동작은 없을 수도 있다. 건반을 두드리기 위한 에너지는 다른 에너지와는 연관이 없다.[8] 진정으로 훌륭한 연주는, 모든 기교적 기술이 독창적이고, 상황에 민감하며 일체화된 경험으로 녹아들게 된다. 이 상황에 이르면, 수많은 시간동안 연습해서 이룩한 기술이 능숙함의 필수적인 것인지, 심지어는 능숙함의 주된 구성 요소인지에 대해 의문을 갖게 된다.

능숙함은 물론 몇 가지 관점을 포함한다. 첫 번째로, 천부적 자질은 초창기의 적성을 차별화할 수 있다. 동물들은 걸을 수 있는 능력과 함께, 균형감각, 예리한 감각기관, 항해능력이 요구되는 복잡한 행동을 재빠르게 수행할 수 있는 능력도 함께 갖고 태어난다. 이러한 자질은 우리 인간은 도저히 모방할 수 없는 것들이다. 인간들 중에도, 음악이나 수학, 또는 체스와 같은 영역에 천재들이 존재한다는 사실은, 어떤 개인들은 초창기에 특수한 정신적인 조직을 갖고 있어서 빨리 배우거나, 레슨 과정 없이도 능숙함에 이를 수 있다는 사실을 보여준다.[9] 기본기 학습의 접근방식을 탐색하기 위해서는, 진짜 재능 있는 사람들은 유전학적으로 타고난 방식에서 평범한 우리들과는 다르다는 가능성은 배제하고, 일반 대중들 사이에 전반적으로 퍼져있는 기술에 대해 논하는 것이 필요하다.

분명히, 복잡한 기술을 습득하기 위해서는 어느 정도의 경험이 필요하다. 그럼에도 매일같이 일정한 양의 연습을 강요하는 코치나 피아노 강사를 상상해 보라. 어떤 기술을 배우기 위해 특정한 과제 수행에 어느 정도의 시간이면 충분하다고 주장하는 것은 연습이 진행되는 특정한 상황을 도외시한 것이다. 다른 생각을 하면서 피아노, 골프, 또는 테니스를 배운다면, 어느 정도까지 배울 수 있을까? 극단적으로 얘기하면, 마음은 자동으로 육체를 따라간다고 보고, 전적으로 몸을 움직이는 것에 교수법을 치중할 수도 있다. 만약 그렇다면, 사람들은 자신의 몸을 적절한 패턴으로 움직이게 해 놓으면 잠을 자면서도 기술을 습득할 수 있을 것이다.

어떤 치료법은 실제로 이런 방법을 이용하는데(육체 요법이나 신경언어학적인 프로그래밍 같은), 완전히 능숙하게 되는 것이 이들의 목적은 아니다. 기계적으로 동작을 하는 것과 의식적으로 몸을 움직이는 것과의 차이를 깨달음으로써 우리는 마음챙김의 영역에 도달할 수 있다.

앤더슨J. R. Anderson은 새로운 기술을 습득하는 3가지 단계의 경험에 대해 설명했다.[10] 인지 단계cognitive stage는 우선 학습자로 하여금 조악하지만, 적어도 비슷한 정도까지 요구되는 행동을 수행할 수 있도록, 그 기술에 대해 충분한 양의 정보를 흡수하는 단계이다. 이 단계는 때때로 혼잣말self-talk도 포함하는데, 학습자가 기술 수행에 필요한 정보를 혼자 시행하는 것이다. 연합단계associative stage는 행위 동작을 부드럽게 다듬는 단계이다. 최초에 기술을 이해하는데 있었던 실수들이 점차 드러나고 제거하게 된다. 동시에 혼잣말 단계로 떨어지기도 한다. 자율단계autonomous stage 임무 수행에 있어 점진적인 개선이 진행되는 단계로, 개선작업이 끝없이 계속된다.

폴 휘트모어Paul Whitmore, 더글러스 드매Douglas DeMay와 나는 인식적 단계에서 최초의 학습방법을 변화시키면 실제로 학습효과가 증진되는지 조사했다. 초보 피아노 연주자 두 명이 단순한 C장조 음계 연주를 지시 받았는데, 한 그룹은 철저하게 마음챙김으로, 다른 그룹은 전통적인 연습방식으로 연주하는 것이었다. 공짜로 피아노레슨을 해준다는 전단지를 뿌려 실험을 위한 피험자들을 모집했다. 그들을 무작위로 두 그룹으로 나누었다. 모든 피험자들은 기본적으로 똑 같은 지시사항을 받았는데, 다음과 같은 약간의 변경사항만 있었다. 그룹 1은 의식적 지시사항그룹인데, 이들은 창조적이고, 가능하면 다양하게 연주하도록 다음과 같은 지시를 받았다: "우리는 당신들이 반복적 암기에 의지하지 않는 다른 운지법을 배웠으면 합니다. 피아노 연주에 대한 새로운 방법을 터득하십시오. 몇 분마다 당신의 스타일을 바꾸고, 특정한 패턴에 얽매이지 않도록 하십시오. 연습할 때는, 상황의 변화에 주의를 기울이길 바랍니다. 매우 미묘한 차이, 즉 당신의 감정이나 느낌, 또는 생각의 미묘한 변화에 귀 기울이기 바랍니다." 연주시간session 사이마다, 그들에게 새로운 것을 배우고, 몇 분마다 접근방식을 바꾸고, 어느 한 가지 패턴에 집착하지 말도록 주의를 주었다. 그리고 특정한 레슨이 주어졌고, 피험자들은 20분 동안 연습을 했다. 대조그룹은 좀 더 전통적이고, 반복을 통한 암기 위주의 스타일로 연습하도록 교육받았다.

이들의 연주는 평가를 위하여 녹음하였다. 평가자는 광범위한 키보드 연주와 작곡 경험이 있는 두 명의 음악전공 대학원생이었다. 추가로 피험자들은 이 음악레슨을 얼마나 좋아하는지에 대해서도 질문을 받았다. 실험의 결과는 우리의 예상과 같았다. 대조군 그룹과 비교하여, 피아노 교습의 초기단계에서 의식적인 지시를 받은 피험자들이 더 능숙하고, 창조적이었으며, 연주활동이 더 즐거웠다고 말했다.

많은 키보드 거장들이 피아노의 전문가가 되기까지 오르간을 연주했었다.

예를 들면, 모차르트, 베토벤, 슈만 그리고 글렌 고울드는 작곡하고 피아노를 연주하는데 더 큰 효과를 얻기 위해서 오르간 연주를 추천했다.[11] 예후디 메누힌Yehudi Menuhin은 비올라를 연습한 후에 자신의 바이올린 연주 실력이 개선된 것 같다고 말했다. 비슷하지만 다른 두 악기를 동시에 연주하는 것이, 일련의 기본적 기술을 당연한 것으로 여기는 학습방법과 반대로 정신적으로 기민하고 마음챙김 상태가 되도록 촉진한다. 기술을 배우는 초기단계에, 다른 대안의 가능성을 인식하는 것은 학습에 조건적인 특성을 부여하는데, 그 과정이 또한 마음챙김을 증진시킨다.

교재가 의식적 사고를 가르칠 수 있을까?

Can a Text Teach Mindfully?

여러 종류의 학습이 개개의 교사가 계획한 연습에 의해 행해지는 것이 아니고, 교재에 의해 행해지기 때문에, 교재가 유념적으로 정보를 전달해 줄 수 있는지 의문을 갖게 된다.

토드 보드너Todd Bodner, 랜디 워터필드Randy Waterfield와 나는 교재에 약간의 변화를 줌으로써 교육 자료를 창조적으로 사용할 수 있으리라는 가정에서 실험을 시작했다.(12) 우리는 금융계에 폭넓은 영향을 끼치는 학습상황을 선택했다. 시리즈 7 시험The Series 7 Examination은 모든 증권브로커, 실제로 투자와 관련된 일에 종사하기를 원하는 거의 모든 사람들이 합격해야 하는 시험이다. 이 시험은 법조계에 있어서 변호사 시험과 같은 것인데, 합격과 더

불어 합격등급이 매우 중요하다. 이 시험은 투자자들에게 충고할 실력이 없는 사람들로부터 투자자들을 보호할 목적으로 만든 포괄적인 시험이다.

우리는 시리즈 7의 준비서와 시험지카피를 얻어서 편집할 요량으로 12페이지 분량의 단원을 선택했다. 두 가지 기준으로 선택사항을 정했는데, 첫 번째로, 교재내용이 모호해서 실험 참가자들이 내용에 익숙하지 않을 것, 두 번째로는, 교재내용의 이해가 시험에 합격하는데 결정적일 것. 단원은 단정적인 문구로 표현된 원래의 문장들이 좀 더 조건적인 의미를 전달하도록 편집했다. 예를 들면, 원래의 문장에는, "지방채는 주정부, 준주정부(괌, 사모아 등), 그리고 미국의 정부 기관에서 발행할 수 있으며, 정치적인 행정구역 또한 발행할 수 있다. 이러한 행정구역은 카운티나 도시, 학교를 위한 특별구역을 포함하며, 급수시설과 하수시설을 위해서도 발행할 수 있다. 당국이나 위원회와 같은 공공 에이전트도 지방채를 발행할 수 있다." 라고 쓰여 있는데, 좀 더 조건적인 문체로 편집된 교재에는, "대부분의 경우, 지방채는 주정부, 준주정부, 그리고 미국의 정부기관에서 발행할 수 있으며, 정치적인 행정구역에서도 발행할 수 있다. 이런 행정구역은 카운티나 도시, 학교를 위한 특별구역을 포함하며, 급수시설이나, 하수시설과 지방채 발행을 필요로 하는 다른 공공목적을 포함한다. 당국이나 위원회 같은 공공 에이전시들도, 위에 예를 든 사례 말고도 때에 따라서, 다양한 공공사업을 위해서 지방채를 발행할 수 있다."라고 고쳐 썼다.

또 다른 예로써, 원래 교재에는, "시와 같은 지방 관할구역에서 가장 일반적인 세금은 재산세이다. 부동산의 평가된 가치에 부과하는 종부세가, 지방

정부가 자체경비와 부채GO Bonds를 충당하기 위하여 쓸 수 있는 자금의 재원이다. 교육세도 지자체에서 부과할 수 있다." 쓰여 있는데, 의식적인 교재에는, "카운티나 시와 같은 지방 관할권에게 가장 일반적인 과세는 재산세이다. 부동산의 평가된 가치에 부과하는 종부세는, 지방 정부가 자체경비와 부채를 충당하기 위해 가장 자주 사용하는 자금의 재원일 것이다. 물론, 지방정부가 재원을 마련할 수 있는 다른 방법도 있는데, 그 중에 하나가 교육세이다." 이렇게 고쳐 썼다.

하버드 대학원생들이 실험대상으로 참가했다. 그들을 임의로 두 그룹으로 나누었다. 절반의 학생은 원래 교재를 받았고, 나머지 절반은 조건적으로 편집된 교재를 받았다. 참가자들은 교재를 25분간 학습을 하고, 두 부분으로 된 시험을 치렀다. 전반부는 학습한 교재의 창조적인 사용 여부를 테스트했고, 후반부는 학생들이 사실적 과제를 얼마나 이해했는지 알아보기 위해 다지선다형 형태의 테스트를 했다. 추가로, 학생들에게 그들이 학습한 교재를 좋아하는지 여부를 확인하기 위해 질문을 했다.

예를 들어, 교재의 창조적 활용을 묻는 테스트에서는 학생들에게, 다음과 같은 질문을 했다. "당신이 생각할 수 있는 지방채의 다른 목적들을 가능한 많이 쓰시오." 다지선다형에서는 다음과 같은 일상적인 사실적 문제를 출제했는데, "다음 중 어느 것이 지방정부에 재원을 마련해 주는가?" ① 종부세 ② 교육세 ③ 주차 티켓 ④ 1과 2 ⑤ 1,2,3

두 그룹 다 교재의 직접적 테스트에서는 비슷하게 수행을 했는데, 정보의 창조적인 활용이 요구되는 문항에서는 의식적인 교재로 공부한 실험자들이 확연하게 다른 그룹을 압도했다. 예를 들면, 처음에 예를 든 문제에서 의식적인 교재를 사용한 학생들은 여섯 개의 답안을 쓴 반면, 원본 교재를 읽은 학생들은 4개의 답안만을 제출했다. 세금에 관한 질문에서는 의식적으로 지시를 받은 학생들은 100%가 정답 ⑤를 쓴 반면, 다른 그룹의 학생들은 36%만이 정확하게 답했다. 주어진 정보의 창조적 활용을 요구하는 문제에서, 마음챙김 학습을 한 학생들이 대조그룹보다 성적이 좋았을 뿐 아니라, 자신이 사용한 교재를 더 좋아하는 경향이 있었다.

다른 예로, 심폐소생술 프로그램에 대한 설명서를 읽는다고 상상해보자. 한 가지씩, 아주 상세하고 느린 속도로, 그 책은 성인을 대상으로 심폐소생술을 실시하는 방법을 알려주었고, 당신은 그 내용을 술술 욀 수 있을 정도로 숙지했다. 아직 공부하진 않았지만, 책의 나머지 부분은 어린이를 대상으로 심폐소생술을 실시하는 방법에 대해 거의 기계적으로 기술하고 있고, 당신은 이미 모든 방법을 알고 있다. 심폐소생술을 공부한 지 일주일이 지났을 때쯤, 당신이 친구 집에 놀러갔는데, 마침 친구의 일곱 살짜리 딸이 수영장에 빠져서 심폐소생술을 받아야 하는 상황이 되었다. 시간이 촉박하니, 나머지 부분을 서둘러 읽을 수도 없다. 어떻게 하겠는가?

자 이번에는 이렇게 상상해보자. 당신은 심폐소생술을 철저하고 꼼꼼하게, 어떤 상황에서도 잘 대처할 수 있도록 배웠다. 그래서 당신은 아무 생각 없이 책에 나온 순서대로 심폐소생술을 실시하는 게 아니라 상황에 맞게 응용할 수 있는 감각까지 지니게 되었다. 이 두 가지 상황에서 어떤 쪽이 더 나은지 비교해보라. 당신은 새로운 상황에서도 적절히 대처할 수 있는 준비가 되어 있으므로, 몸무게가 25킬로그램인 아이에게는 어떻게 심폐소생술을 실시해야 하는지 잘 응용할 수 있을 것이다. 이 두 가지 중 어떤 방법으로 심폐소생술을 배우는 게 좋겠는가? 우리가 가르치는 방식은 어떤 게 좋을까?

chapter 02

창조적인 일탈
Creative Distraction

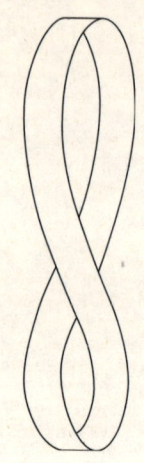

옛날 스위스에 한 늙은 백작이 살았다. 그는 외아들이 있었는데, 백치여서 한 가지도 제대로 배울 수 없었다. 백작이 얘기하길,

"아들아, 잘 들어라. 내가 백방으로 노력을 해 봤지만 너의 머릿속에 아무 것도 집어넣을 수가 없구나. 너를 먼 곳에 있는 유명한 스승에게 보내기로 했다. 그 선생님이 너를 어떻게 가르칠지 두고 보자꾸나."

소년은 낯선 도시에 가서 꼬박 1년을 그 스승과 보냈다. 그리고 아들이 돌아오자, 아버지가 물었다.

"그래 아들아, 거기서 무엇을 배웠느냐?"

"예, 아버지," 하고 아들이 대답했다.

"저는 개들이 짖을 때, 무슨 말을 하는지 배웠습니다."

"맙소사," 아버지가 소리를 질렀다.

"기껏 배운 게 그 것이란 말이냐? 너를 다른 스승에게 보내야겠다."

일 년이 지나서 아들이 돌아왔다.

"그래, 아들아, 무엇을 배웠느냐?"

"아버지, 이번에는 새들이 무엇을 말하는지를 배웠습니다."

아버지는 화가 머리끝까지 나서,

"너는 정말 아무짝에도 쓸데없는 놈이야." 아버지가 소리쳤다.

"귀중한 시간을 다 허비하고 아무것도 배운 게 없다니. 너를 다시 세 번째 스승에게 보내기로 했다. 만약 이번에도 배운 게 없다면, 너는 더 이상 내 자식이 아니다."

아들이 다시 돌아 왔을 때 아버지가 물었다.

"아들아, 무엇을 배웠느냐?"

아들이 대답하길, "예, 아버지, 이번에는 개구리가 '개굴개굴' 소리 칠 때, 무슨 말을 하는지 배웠습니다."

아버지는 지난번보다 더욱 화가 치밀어, 벌떡 일어서서 모든 하인들을 불렀다. 그리고 말하기를,

"이 바보는 내 아들이 아니다. 이놈을 버리겠다. 숲으로 데리고 가서 죽여 버려라."

하인들이 그를 숲속으로 데려가선, 차마 죽이지는 못하고 그냥 풀어주었다. 아들은 여기저기 한 참을 배회하다가, 어떤 성을 발견하고 하루 밤 재워 줄 것을 청했다.

"알았다," 성주가 말했다.

"만약 네가 낡은 지하 감옥에서 밤을 지낼 의향이 있다면 머물러도 좋다. 하지만 경고하는데, 너는 굉장한 위험에 처할 것이다. 왜냐하면 지하 감옥은

야생 개들이 우글거려, 밤낮으로 짖어내고 으르렁거리기 때문이다. 만약 사람이 들어오기라도 하면, 개들이 현장에서 바로 잡아먹어버릴 걸."

하지만 그 소년은 두렵지가 않았다.

"단지 개에게 먹일 음식이나 좀 주십시오." 소년이 말했다.

"이제 저를 그리로 데려다 주십시오. 개들은 저를 해치지 않을 것입니다."

소년의 요청대로, 하인들이 개에게 먹일 음식을 주고는 그 소년을 데리고 지하 감옥으로 내려갔다. 다음날 아침, 놀랍게도, 소년이 멀쩡하게 나타나서는, 성주에게 말했다.

"개들이 어제 밤, 내게 말하길, 그들이 지하에 살면서 이 도시에 사악함을 가져오는 이유가 있다고 했습니다. 그들은 마법에 걸려서 지하 감옥에 있는 엄청난 보물을 지켜야만 한다고 했습니다. 어떤 사람이 그 보물들을 파내기 전까지는 평화가 없으리라는 것을 그들도 잘 알고 있을 겁니다. 저는 개들이 하는 얘기를 듣고 어떻게 해야 할지 그 방법을 알아냈습니다."

그 얘기를 들은 모든 사람들이 기뻐했으며, 성주는 소년이 임무를 잘 마치면 자신의 양자로 삼을 것을 약속했다. 소년이 다시 지하로 내려가서는 양손 가득 금을 가지고 올라왔고, 이후로는 개들의 으르렁거리는 소리가 없어졌다.

얼마쯤 지나서, 젊은 백작이 된 소년은 로마를 향해 출발했다. 가는 길에 개구리들이 '개골개골' 우는 늪을 지나쳐 갔다. 소년이 귀를 세우고 개구리들이 말하는 것을 듣고 생각에 잠기더니 슬픔에 잠겼다. 마침내, 로마에 도착했다. 교황이 이제 막 돌아가셔서, 추기경들이 다음 교황으로 누구를 선출할지 결정을 못하고 있었다. 마침내 그들은 하나님이 메시지를 보낼 때까지 기다리기로 했다. 젊은 백작이 막 교회에 들어섰을 때, 두 마리 백설같이 흰 비둘기가 날아와서는 그의 어깨위에 내려앉았다. 이 광경을 본 추기경들은 이것을 하늘로부터의 메시지로 알고는 그에게 교황이 되어 줄 것을 요청했다. 처음에는 자신이 그럴 자격이 있는지 확신이 없어 머뭇거렸으나, 이내 "예," 라고 대답했다. 곧 이어 미사를 드려야했는데, 미사의 한 마디도 알지 못했다. 하지만 그의 어깨에 앉아 있던 두 마리 비둘기가 그의 귀에다 대고 속삭여 주었다.

『세 개의 언어』 그림형제

　우리 모두는 적어도 유치원 때부터 주의를 집중하라는 말을 듣는다. 이 말이 무엇을 의미하는지 설명할 필요는 없겠지만, 우리는 자라면서 이것이 그저 조용히 하고, 눈앞에 보이는 대상에만 집중하라는 것임을 알게 된다. 한 곳에 집중하지 못하면, 우리는 산만하다고 말한다.

　그림형제의 동화에서 보듯이, 아이들이나 어른이든지 한 곳에 집중을 못할 때는, 다른 어떤 것에 정신이 팔려 있다는 것을 말한다. 비누가 목욕탕 욕조 안으로 떨어지든지, 사과가 나무에서 떨어지든지, 아니면 곤충 한 마리가 마룻바닥을 희한한 동작으로 기어 다니든 간에, 작은 관심이 더 큰 생각으로 이끌 수 있다. 요약해서 말하면, 주의가 산만하다는 것은, 다른 곳에 집중하고 있다는 뜻이다.

　어쨌든, 우리는 집중하고 싶지만, 마치 독서에 몰두하는 것이 어려울 때가 있는 것처럼, 집중하는 것이 때로 어렵게 여겨지기도 있다. 대형 비행기 사고에서부터 작은 회계 실수에 이르기까지, 직장에서의 많은 사고는 개개인이 목전의 임무수행에 집중하지 못 했을 때 일어난다. 어떤 일에 집중하지 못 할 때, 우리가 다른 일에 정신이 팔려 있다는 사실을 알아차린다면, 왜 이런 문제들이 우리 사회에 만연된 이유를 이해하는데 도움이 될 것이다. 이 관점에서 매우 색다른 질문이 떠오르는데, 우리들은 이런 대안자극 alternative stimulus에 왜 이리도 흥미를 느끼는 것일까? 이런 흥미 있는 것으로부터 무엇을 배울 수 있을까? 우리가 주의를 기울이고 싶어 하는 이런 자극에 흥미를 유발하는 요소들은 무엇일까?

때로 우리는 스트레스를 느끼고 일탈을 꿈꾼다. 임박한 이혼소송, 수술 또는 다른 도시로의 이사 같은 문제로 불안감이 증대될 때, 우리는 가끔 마음을 다른 곳으로 돌림으로써 안식을 찾으려고 한다. 일시적인 안식을 찾기도 하지만, 문제된 이슈가 중요한 것 일 때, 우리의 마음은 회피할 방도를 찾는다. 전혀 다른 일에 대해 생각하기보다 좀 더 효과적인 전략은 그 문제에 대해 다른 관점에서 생각하는 것이다. 어빙 제니스Irving Janis, 존 울퍼John Wolfer와 함께 한 연구에서, 우리는 중요한 수술을 앞 둔 환자들에게 병원에서의 경험을 재구성하는 것을 가르쳤다. ① 환자 그룹에게 좀 더 긍정적인 측면에서 병원 경험을 되돌아 보아달라고 요청했으며, 되도록이면 입원의 좋은 점에 대해 주시하도록 요청했다. 인생의 목표를 재점검할 시간을 갖게 되었다든지 또는 당연하게 여기고 있었던 가족과 친구들과 교유를 할 시간을 갖게 됐다든지, 심지어는 억지로 몸무게를 빼는 것도 장점으로 볼 수 있다. 개인의 잠재적인 장점은 사람마다 다르다. 이 그룹에 속한 환자들은 스트레스를 덜 받았고, 진통제나 진정제도 덜 복용했으며, 심지어는 이 교육을 받지 않은 다른 환자들 보다 빨리 퇴원했다. 어떤 일에서 벗어나고 싶은 욕망은 다른 일에 관심을 갖고 싶다는 욕망이었다.

산만한 행동이라고 꼬리표를 붙이는 일은 아마도 주제 넘는 일일 수도 있다. 산만하다고 하는 것은, 우리가 생각하기에 중요한 것은 제쳐놓고 교묘하게 다른 일에 주의를 기울이는 것일 수 있다. 나중에 다시 얘기하겠지만, 소위 말하는 주의력 결핍장애attention deficit disorder라고 하는 만연된 문제를 이해하는데 있어, 이와 같은 구분은 매우 중요하다.

주의력의 수수께끼

The Puzzle of "Attention"

우리 자신이 또는 우리 아이들이 주의를 집중하는 것에 문제가 있다고 결정하기 전에, 주의를 집중하지 않아도 전혀 문제가 되지 않는 상황에 대해 생각해 보는 것은 흥미롭다. 아침에 옷을 입고, 전화번호를 찾거나, 아니면 컴퓨터 게임을 할 때, 우리는 일반적으로 필요한 집중력을 꽤나 잘 찾아서 처리할 수 있다. 옷장을 뒤지면서 그날의 날씨와 특별한 일에 대해 생각해내기도 한다. 또한 주소 책자를 찾을 수도 있는데 원하는 전화번호를 찾으면서, 알파벳 철자에 신경을 쓰기도 한다. 어떤 사람들은 끈기 있게, 또는 흥분상태로 몇 시간 씩 컴퓨터 앞에 앉아서 게임을 위한 지시사항을 들여다 볼 수도 있다. 실제로, 거의 대부분의 일을 하기 위해 우리에게 필요한 것은 약간의 주의력만 있으면 된다. 우리는 하루 중 대부분의 시간동안 주의를 잘 집중하고 있기 때문에, 정신을 집중하지 못하는 성격이나 정신력 부족을 탓하는 대신,

집중하기 어려운 상황들을 좀 더 면밀하게 관찰해야만 한다.

집중을 잘 하지 못하는 학생들은 주의를 기울이고, 집중하고, 전념하도록 지시를 받는데, 그렇게 하기만 하면 의도한 수업 내용을 잘 배울 수 있다고 설명하면서, "주의를 기울이는 것"이 실제로 무엇을 의미하는지에 대해서는 검토하지도 않는다. '단지 우리가 목전의 과제물에 마음을 고정하고, 배회하지만 않는다면, 모든 것이 좋다'는 식으로 가정할 뿐이다. 아마도 우리는 사물에 초점을 맞추려고, 카메라와 피사체를 고정하려 애쓰는 사진사로 우리 자신을 보고 있다. 이런 상태로 우리가 주의를 기울이고 있다는 것이 무엇을 의미하는 것일까? 우리가 우리의 마음을 움직이지 않고, 단지 대상에 초점만 맞추려고 하는 것을 의미하는가?

우리는 몇 명의 고등학교 교사들에게 질문을 했는데, 그들이 학생들에게 어떤 일에 주의를 기울이고, 집중하고, 전념하도록 명령을 했을 때, 그것이 학생들에게 무엇을 의미하는지를 물었다. 선생들이 의미하는 바가 학생들이 그들의 마음속에 "카메라를 고정한 채 들고 있어야" 하는 것을 의미하는지, 아니면 학생들로 하여금 마음속에서 "사진을 다양하게 바꿔야" 하는지를 물었다. 교사들은 압도적으로 첫 번째 안案을 선택했다. 우리가 학생들에게도, 선생님이 '어떤 일에 주의를 기울이고, 집중하고, 전념하도록 명령을 했을 때' 선생님이 무엇을 의미했는지에 대해 물었을 때, 학생들도 교사와 같은 대답을 했다. 의사 전달에는 아무 문제가 없는 것처럼 보였다. 문제는 다른 곳에 있는 것 같았다.

일찍이 1898년에, 윌리엄 제임스William James는 우리가 어떤 사물을 주시

注視할 때, 그 사물이 형태가 바뀌는 것처럼 보였는데, 심지어는 신경 써서 주의하고 있을 때조차도 그랬다. 그가 사용한 예는, 우리가 손가락 끝을 주의 깊게 쳐다보려고 할 때, 겪게 되는 어려움에 대한 것이다. 시선을 다른 데로 옮기지 말고 당신의 손가락만을 쳐다보라. 오래 동안 이렇게 한 곳에 시선을 고정하기가 어렵다. 이제, 그림에 초점을 맞춰보라. 시선을 그림의 이쪽저쪽으로 배회하지 말고, 그림의 이미지에 고정시켜 보라. 이런 식으로 한 가지 사물에 초점을 맞추는 것은, 어쨌든 어려울 수밖에 없다. 감각 연구가들은, 실제로 이미지가 시계視界로부터 점점 사라진다고 말한다.[2]

내 생각에, 마음속에 어떤 생각을 고집스럽게 견지하려고 할 때도 똑 같은 문제가 발생하는 것 같다. 집중의 어려움은 명상하는 사람들에게 더 현저하다. 예컨대, 명상하는 사람들이 주문을 반복하거나, 호흡에 정신을 모을 때 그들의 마음은 다른 생각으로 옮겨 가는 것 같다. 그들이 어떤 생각에 대해 더 많이 집중하지 못하고, 다른 것에 대해 생각하는 것을 알아차리면, 다시 즉시 주문을 외우고, 그리고 그들의 마음은 다른 생각으로 옮겨가고, 그런 반복 작업이 계속 이어진다. 이런 일상적인 일이 명상가들로 하여금 그들의 발목을 잡고 있는 세속적인 생각들을 어떻게 물리쳐야 하는 지에 대해 효과적인 기능을 제공하지만, 우리 마음이 다양성의 추구가 얼마나 자연스런 일인지를 보여준다.

우리가 한 동안 어떤 일에 집중할 때, 이미지는 다양하게 변화해야 한다. 그래서 집중하지 못하는 학생들의 진짜 문제는 그들이 잘못된 지시사항을 따르고 있는 것이다. 어떤 생각이나 이미지에 지속적으로 집중한다는 것은 일종의 모순어법oxymoron일 수 있다. 그렇긴 하지만, 이 방식이 사람들이 사물의 외적인 세계를 탐구하거나, 내적인 관념의 세계를 추구할 때 사용하는 바로 그 방법이긴 하다. 내가 25명의 하버드 대학원생에게 행한 여론조사에서, 집중하려고 할 때 그들이 어떤 행동을 하는 지를 물었다. 그들 중 21명의 학생들이 "교수를 쳐다봐라", "들리는 것을 필기하라"와 같은 통상적인mindless 전략을 제시했다. 나머지 4명의 학생이 다소 의식적인mindful 대답을 했는데, 여전히 고정된 집중의 잔재殘在적 요소를 어느 정도 담고 있었다.

사람들은 자연적으로 놀이에서 새로움을 추구하고 이런 상황에서는 집중하는 데에 전혀 어려움을 느끼지 못한다. 어떤 일이 새로운 것일 때, 우리는 이전과 다른 새로운 어떤 것을 알아차린다. 어떤 자극이 새롭게 느낄 때, 예를 들면, 기찻길을 따라 핀 장미덤불을 보았을 때, 우리는 주저앉아서 주의를 기울인다. 만약 충분히 긴 시간 동안 그 장미덤불을 주의 깊게 바라본다면, 우리는 마침내 그 장미에 익숙해질 것이다. 이런 양상樣相은 우리가 유아였을 때 시작이 되며 우리의 전 생애를 통해서 계속된다. 상황이나 관점의 변화로 인해 우리는 새롭고 신기한 것에 주의를 기울인다. 내가 만약 새로 사귄 건축가와 교제를 하고 있다면, 아마도 나는 지금까지는 매일같이 지나쳤으나 전혀 주의를 기울이지 않았던 건물을 신경을 써서 보게 될 지도 모른다. 건축물의 흥미로운 것들에 주목하는 것이 큰 부담이 되지는 않을 것이다. 주의력의 대상이 다양한 형태로 변화할 때 성공적인 집중이 유발된다.

'주의를 집중하는 것은 고정된 카메라처럼 작동하는 것을 뜻한다.' 는 생각이 우리 사고에 너무 깊게 배어 있어서, 우리가 진정 어떤 일에 성공적으로 집중했을 때, 우리는 늘 상황을 무심결에 변경하거나, 대상에서 새로운 특성을 발견하게 되는 것이다. 최근에 토드 보드너Todd Bodner와 함께 끝 낸, 다음의 연구결과가 이 결론을 보강해 준다.[3]

새로운 생각을 촉진하기

Enhancing Novelty

컴퓨터 작업을 할 한 무리의 대학원생들을 모집했다. 프로그램은 스크린에 컬러물체를 약 22초 동안 보여준다. 학생들이 할 일은 스크린에서 물체가 사라지자마자 버튼을 누르는 것이었다. 컴퓨터가 반응시간을 기록했고, 버튼을 누른 2초 후에 다른 물체를 보여주는 식이었다. 물체들은 친숙한 형태이거나, 각각 다른 색깔의 낯 선 모양, 또는 단색의 물체였다.

스크린의 자극에 집중하는 방법에 관해서 학생들에게 지시하는 내용을 달리 했다. 한 그룹, 즉 집중그룹에게는, 스크린에 뜨는 자극에 단순히 집중해서 주의를 기울인 후에 사라지자마자 버튼을 누르도록 했다. 또 다른 그룹에게는 대상물의 윤곽을 추적해서 사라지는 순간에 버튼을 누르게 했다. 마지막 그룹에게는 다른 방법으로 형태를 생각하도록 했는데, 각각의 형태에 대해 다른 사물을 유추해내도록 지시를 했다. 물론 다른 학생들과 마찬가지로 형태가 스크린에서 사라지는 순간, 키를 누르게 했다.

첫 번째로, 스크린에서 본 형태에 대한 학생들의 기억력을 측정했다. 확실히, 주의를 기울이지 않을 때보다 주의를 집중할 때 더 많은 것을 기억할 것으로 우리는 생각하는 경향이 있다. 혹자는, 기억력 테스트가 집중력을 측정하는데 가장 의미 있는 방법이라고 주장할 지도 모르겠다. 우리는 임무수행의 어려움에 대한 학생들의 의견도 측정했다. 다른 방식으로 형태를 생각해 보도록 지시받은 마음챙김 그룹이 색깔과 형태를 기억하는 데 있어, 다른 두 그룹을 앞질렀다. 각 피험자들의 형태 점수와 색깔 점수를 집계하여, 전반적인 자극 기억의 지표를 만들었다. 마음챙김 기억집단이 다른 두 그룹인 집중그룹과 추적그룹보다 월등히 성적이 좋았다. 또한 임무수행의 어려움에 있어서도, 마음챙김 그룹이 더 적은 노력과 집중력을 들인 것으로 보고되었고, 좌절감도 덜 받은 것으로 알려졌다. 추적그룹과 집중그룹은 평가 결과에 있어서 현저한 차이를 보이지 않았다.

추가로 진행된 조사에서, 마사 베이리스Martha Bayliss와 나는 기차 여행객들에게 단편 소설을 읽도록 요청했다.[4] 마음챙김그룹에게는 각각의 이야기 중에서 3개 또는 6개의 관점을 바꿔 보도록 지시했다: 다른 관점에서 텍스트를 읽거나, 결말부분을 바꿔 보는 등의 방식으로. 집중그룹에게는 각각의 이야기에서 3개 또는 6개의 특정한 관점에 초점을 맞추도록 요청했는데; 말하자면, 이야기를 따라 가면서, 그냥 주어진 정보만을 얻어야지, 그 이상의 것은 하지 못 하도록 했다. 대조그룹은 특정한 지시사항 없이 이야기를 읽도록 했다. 모든 참가자들에게 이야기를 다 읽은 후에 질문을 받을 것이라고 사전에 얘기했다.

참가자에게 그들이 막 읽은 이야기로부터 기억나는 것을 모두 적도록 요청했다. 읽은 내용을 다양화 하도록 지시받은 마음챙김그룹이 다른 그룹의 멤버들 보다 훨씬 상세하게 기억해 냈다. 이야기의 6개 관점에 대해 생각하도록 지시받은 그룹이 3개만을 생각하도록 지시받은 그룹보다 더 잘 기억했다. 부수적인 흥미 있는 결과는 이야기 내용이 새로우면 새로울수록, 그룹들 사이의 기억력 차이가 덜 심한 것으로 나타났다.

마음챙김그룹이 더 많이 생각해야했지만, 그 만큼 더 많이 기억해냈다. 시각적 대상이거나 어떤 관념에 대한 것이든지 간에, 집중의 대상을 다양하게 변화시킴으로써 그것에 대한 기억력을 현저하게 개선시킬 수 있었다.

다양성을 증진하는 몇 가지 방법이 있다. 교육자 입장에서, 학생들에게 새로운 자극을 줄 수 도 있다. 게임을 통해 학습 물을 제공하는 것도 한 가지 방법인데, 이유는, 게임자가 자신의 적을 조롱하기 위해 다양한 변화를 줄 수 있고, 어떻게 게임에서 이길 수 있을까하는 여러 가지 상황을 면밀히 검토하게 되기 때문이다. 다른 한 방법은, 대상자극을 다양화하는 것이 아니고, 자극에 연관된 우리의 관점을 다양화하는 것이다. 이런 상황은 육체적 놀이에서 곧 잘 볼 수 있는데, 테니스나 탁구, 또는 다른 어느 스포츠에서도 알 수 있듯이, 우리는 항상 움직인다. 왜냐면, 자극이 절대 같을 수 없기 때문이다. 움직임을 통하여 관점의 변화를 야기하는 것은, 활동적인 어린이들이 자신들을 위하여 어떻게 새로운 놀이를 창조하는지를 잘 말해 준다.

주의력 향상에 가장 효과적인 방법은 자극 상황 내에서 흥미꺼리를 찾아내는 것이다. 그게 이야기여도 좋고, 지도나 그림이어도 좋다. 이것은 아이들이 다른 사람들이나 자신의 물리적 환경으로부터 거리를 둘 수 있게 해주기 때문에, 아이들을 가르치는 가장 유용한 방법이다. 참가자의 마음속에 흥미와 관심이 있기만 하다면, 교사가 이미 알고 있는 뻔 한 내용을 반복하든, 꼼짝 말고 앉아서 고리타분하게 집중을 하라고 시키든 아무 상관이 없다.

유연한 경계심

Soft Vigilance

그림을 가만히 들고 있는 것만으로 아이들의 주의를 집중시키는 것은 거의 불가능할 뿐 아니라, 들고 있는 사람도 매우 피곤한 일이다. (사람들이 어떤 일을 싫어한다면, 그들이 왜 싫어하는지 생각해볼 필요가 있다.)

심리적 기로에 놓이거나 위험이 수반될 때, 주의력은 경계심으로 불리기도 한다. 경계심을 유지하는 것은 비행조종사에게는 중요한 문제다. 경계심을 유지하는 것은 힘이 드는 일이고 시간이 흐를수록 경계심은 줄어들 수밖에 없다. 반대로 우리가 좋아하는 것들에 대해 주의를 집중하는 것은 그 자체가 우리에게 활력을 주는 일이며, 그래서 상당히 오랜 시간 지속할 수 있다.

숲 속을 가로질러 승마를 할 때, 조심해야 했는데, 왜냐하면 나뭇가지들이 있을 곳이 아닌데도, 숲을 따라 뻗어 있었기 때문이다. 다가올 잠재적 위험에 계속 조심하면 할수록 내 몸은 경직되어 갔다. 이 일은 나는 물론 내 말에게도 피곤한 일이었다. 내가 더 자신 있는 기수가 되자, 나는 나무를 포함한 주위환경을 즐길 수 있게 되었는데, 그렇게 함으로써 예상하지 못한 나뭇가지들도 대비할 수 있게 되었다. 내가 이렇게 주의력을 다양화하자 승마의 즐거움은 배가倍加되었다. 이제 나는 다른 잠재적인 위험도 느낄 수 있게 되었다. 내가 나뭇가지에 극도로 주의해서 집중을 할 때는 계속되는 다른 위험에 더욱 취약하게 되었다. 일종의 유연한 조심성, 다른 말로 마음챙겨 집중함으로써, "아직 발생하지 않은 위험을 피할 수" 있게 되었다.

과도한 조심성이 (우리 자신을) 주의를 기울이는 대상 안에 가두어두는 반면, 유연한 조심성은 새로운 흥밋거리를 느끼게 한다. 경계를 하게 되면, 주의를 기울이는 대상이 정지된 상태로 있지만, 세세한 처방 없이 부드럽게 주의를 기울이면, 우리의 마음은 더 많은 정보를 받아들일 수 있게 된다.

주의력 결핍 과행동성 장애의 재고再考

Rethinking Attention Deficit Hyperactivity Disorder

어쩌면 우리는 무심결에 학생들에게 지나친 조심성을 요구하고 있는지도 모른다. 2백만 명에 이르는 학생들이, 가족과 교사들과 학급 동료들과 더불어, 주의력 결핍 및 과행동장애ADHD 로 고통 받고 있다.⑸ 이 질환의 대표적 증상이라고 할 수 있는, 짧은 집중력 유지 시간short attention span과 산만한 주의력easy distractibility이 학업성과에 부정적인 영향을 끼치는 것은 확실하다. 이 심각한 집중력 부재문제가 어린 시절에만 드러나는 것이 아니라, 때로는 평생에 걸쳐서 계속되기도 한다.⑹

ADHD의 원인은 명확하지 않다. 어떤 학자는 유전적인 요소가 있다고 믿는데, 그 믿음의 바탕에는 부모가 비슷한 증상을 나타내는 아이들에게 ADHD가 상대적으로 훨씬 빈발한다는 사실에 기초하고 있다. 어쨌든, 이런 세대 간 유사성이, 만약 부모가 자신이 교육 받은 것과 똑 같은 방식으로 아이들에게 집중할 것을 가르친다면, 주의력과 관련된 증상에도 나타날 것이라고 예측할 수 있다. 다른 연구에 의하면, ADHD와 연관된 증상을 가진 어린이나 성인들은 우리 뇌의 주의력을 조절하는데 중요한 것으로 보이는 부위에 신경전달물질이 덜 활성화되어 있다고 주장한다.[7] 하지만 그 연구 자료는, 신경전달물질이 덜 활성화 되어 있기 때문에 주의력결핍이 일어나는 것인지, 주의력이 결핍돼 있기 때문에 신경 전달물질이 덜 활성화되는지, 아니면 두 가지 모두 원인이 되는지 설명하지 않는다. 그럼에도 이 데이터는 ADHD 관련증상치료를 위한 약물사용의 근거를 제공한다.

메틸페니데이트(리타린)와 같은 각성제가 ADHD 증상치료에 자주 쓰이는데, 어느 정도 명백한 치료효과를 보이고 있다.[8] 이런 각성제가 조용하고 덜 파괴적인 아이가 되는데 효과가 있긴 하지만, 그렇다고 반드시 성적이 좋은 아이가 되도록 해주지는 않는다. 게다가 약의 부작용으로 식욕감퇴, 성장장애, 불면증, 소화 장애, 성급함, 급격한 감정변화, 틱 장애등이 나타날 수 있는데, 이런 것들이 아동의 학습능력저하에 추가 영향을 미칠 수 있다.

ADHD 치료를 위하여 비 약물적인 접근방식도 사용된다. 다양한 학습장애를 가진 학생들을 위해서 구성된 학급에서 주로 행해지는 개별교습도 그 한 예이고, 상담도 핵심적인 접근 방법으로 생각된다.

ADHD에 대한 지배적인 개념은 이것이 일종의 질환이라는 것이다. 치료는 증후군을 정의하는 개별증상에 초점을 맞추는데, 이론상으로는, 증상을 치료하면, 학교성적도 개선될 것이다. 치료는 의료진에게 달려 있고, 반면 교육자들은 결과만 평가한다.

새로운 시선으로 주의력의 본성을 꿰뚫어 봄으로써 교육자들은 의학적 개입 없이 학교 성적을 올릴 수 있을 지도 모른다. ADHD에 대해 사회심리학적 방법으로 접근함으로써 교재의 역할에 초점을 맞출 수가 있고, 주의력 개선을 위한 흥미유발물건에 초점을 맞출 수도 있다. 정보를 주는 방법의 변화와 환경적인 자극의 변화를 포함한, 상황에 변화를 줌으로써, ADHD 학생들의 집중력을 개선시킬 수 있다.

스티븐 랜다우Stephen Landau는 6세에서 12세 사이 남자아이들의 주의력 집중시간attention span에 대한 주의력 방해물의 효과를 실험하였다.[9] ADHD가 있는 것으로 진단받는 남자아이들과 증상이 없는 일반 아이들을 관찰하였다. 그들은 몇 개의 부분으로 된 교육방송을 시청했는데, 아주 매혹적인 장난감이 있을 때와 없을 때를 나누어 관찰하였다. 매혹적인 장난감이 주어졌을 때, ADHD 아이들은 그렇지 않은 아이들이 텔레비전을 시청한 시간의 절반만을 시청한 반면, 장난감이 없을 때에는 ADHD 학생들도 텔레비전에 집중할 수 있었다.

메리 포드Mary Ford는 ADHD를 가진 것으로 진단된 3-4학년 아이들이 게임포맷을 사용한 컴퓨터 소프트웨어로 작업을 할 때 집중력이 증가하는 것을 알아냈다.[10] 프랜세스 크리페Frances Cripe는 ADHD아이들이 록 음악을 들으면서 임무를 수행했을 때, 활동은 둔화된 반면 집중력이 강화되는 반응을 보여 준다는 사실을 알아냈다[11] 그리고 시드니 젠탈Sydney Zentall도 아이들에게 흑백이 아닌 칼라로 보여 주었을 때, ADHD 아이들의 집중력이 증가한

다는 사실을 알아냈다.[12]

ADHD와 집중력 부재를 적절하게 다루는 데 있어, 어떤 문제점들은 신기한 물건(새로운 자극)의 중요성을 간과看過한 것이 원인일 수 있다. 과행동성 Hyperactivity은 어쩌면 아이들이 신기함을 증진시키기 위해 은연중 하는 노력일 지도 모른다. 만약, 그렇다면, 아이들에게 조용히 앉아서 주의를 집중하라고 충고하는 것은 역효과가 날 수 있다.

대학원생인 셸리 카슨Shelly Carson과 마가렛 시Margaret Shih와 함께 이렇게 몸을 움직이는 것과 마음챙김의 연관성에 대해 테스트 했는데,[13] 메사추세츠 주의 전통 있는 사립학교에 다니는 9살에서 12살 사이의 정상적인 초등학생 군을 대상으로 했다.

아이들에게 어떤 사람이 길을 걸어가는 장면이 있는 포스터를 보여 주었다. 포스터 안에는 피사의 사탑, 에펠 탑, 피라미드와 같은 14개의 주요 지표건물의 사진이 들어 있었다. 과제는 포스터에 집중해서 그 지표건물을 기억해 내는 것이었고, 또한 그 건물들이 포스터의 어디에 있었는지를 기억해 내는 것이었다.

의식적인 움직임그룹의 아이들은 포스터를 쳐다보면서, 복도에 약 2미터 폭으로 마스킹 테이프로 구분을 지은 두 선 안을 앞뒤로 천천히 움직이도록 지시했다. 이런 움직임이 아이들이 포스터를 바라보는 관점을 다양하게 하리라고 추정했다. 동작이 편안해 질 때까지 몇 분간 그렇게 연습하도록 했다.

움직임이 없는 그룹의 학생들은 가만히 앉아서 포스터를 바라보도록 했고, 역시 의자에 편안히 앉아있도록 몇 분의 시간이 주어졌다. 만약 이 두 그룹

사이에 차이가 있다면, 바라보는 관점의 변화에 따른 것이지, 생리적 자극에 의한 차이가 아닐 것이란 믿음에서, 우리는 또 다른 대조군그룹을 추가했다. 대조군의 아이들은 포스터를 쳐다보면서 의자에 앉아서 발을 바꿔가면서 질질 끌도록 지시했다. 예비테스트에서 동작을 하는 두 그룹의 심장박동수가 비슷한 것으로 나타났다.

아이들이 포스터를 본 다음에, 포스터에 있던 표지건물의 도려낸 조각과 전에 아이들이 본 적이 없는 건물의 도려낸 조각을 함께 주고, 포스터를 재구성해 보라고 요청했다.

발을 끌던 대조군 아이들이 가만히 앉아 있던 그룹보다 과제를 더 잘 수행했다. 복도에서 앞뒤로 움직이던 그룹이 다른 두 그룹보다 더 잘 수행했으며, 훨씬 더 많은 표지건물들을 기억해냈다. 실험을 수행하는 과정에서, 우리는 두 개의 대조군그룹이 직선적으로, 즉 각각의 표지건물에 몇 초 동안 그들의 시선을 고정시키는 방식으로 포스터를 훑어보는 것 같다는 것을 주목하였다. 반면, 의식적 움직임 그룹은 포스터를 전체적으로 보면서, 수직, 수평 방향으로 그림을 훑어보는 것 같았다.

참신한 방법(움직이면서 그림을 보는)이 실제로 이런 결과들의 원인인지 아닌지를 다른 방법으로 알아보기 위해서, 우리는 몬테소리학교의 학생들과 실험을 다시 했다. 이 학교에서는 지속적으로 움직이는 것이 허용되었을 뿐 아니라, 아이들이 그렇게 하도록 권장되었다. 예전과 같이 세 그룹으로 나누었지만, 우리의 가설은 예전과 반대였다: 기억을 가장 잘 하는 그룹은 이제 신기한 경험인 조용히 앉아있는 그룹일 거라고 기대했으며, 가장 못하는 그룹은 걸어 다니는(수업 중 왔다 갔다 하는) 그룹일 거라고 예상했다. 우리의 가정은 들어맞았다.

이 연구들은 의도적으로 관점을 다양하게 바꾸는 것이 주의집중에 도움이 될 수 있음을 보여준다. 나는 현재 마가렛 시와 에미 쏘우와 함께 ADHD 증상이 있다는 진단을 받은 아이들을 대상으로 마음챙김 학습가설을 실험하고 있다. 자극대상 주변을 돌아다니지 않고 주의를 집중할 수 있는 것이나 자극대상을 바꾸기 위해 누군가 다른 사람에게 의존해야 한다는 것이 우리에게는 오히려 도움이 된다. 우리의 연구에서 우리는 ADHD 증상을 지닌 아이들에게 그들의 마음속에서 주의 집중의 대상을 바꾸는 방법을 알려준다. ADHD 증상을 지닌 아이들의 의식적 교육의 효율성을 측정하기 위해 우리는 이전에 설명했던 연구에서 대학생들에 사용했던 것과 동일한 컴퓨터프로그램을 사용한다.

요약하면, 주의력에 관한 문제점을 이해하는 그 자체만으로, 우리는 사물을 보는 관점의 변화로부터 도움을 받는다. 우리들 중 주의력 집중에 문제가 있는 사람들이 의식적으로 주의를 기울이지 않고도, 일상의 많은 일들에 성공적으로 집중할 수 있으며 또한 집중하고 있다는 사실을 기억하는 것이 첫 번째 유익한 일이다. 다음으로, 산만하다는 것을, 다른 면에서 보면 '어떤 다른 것에 마음이 끌린 상태'로 이해함으로써 그 개념을 다시 정립할 수 있다. 마지막으로, 한 가지 이미지나 생각만을 견지하려 노력하는 것이 매우 어려우며, 자연스런 일이 아님을 아는 것이 중요하다. 이런 관찰을 통해 주의를 집중하는 과정에서 새롭고 참신한 시도(관점의 전환과 같은)가 얼마나 중요한지 알게 된다. 대학원생이나, 아이들, 또는 ADHD로 진단받은 아이들, 누구든지 간에 이들의 주의력을 증진시키려는 노력은, '새로운 것'을 찾는 방법에 대한 지시사항 즉, 마음을 챙겨 주의를 집중하는 것이 성공적인 임무수행을 강화시킨다고 우리 연구는 밝혀냈다.

chapter 03

'미루어진 기쁨' 이라는 통념

The Myth of Delayed Gratification

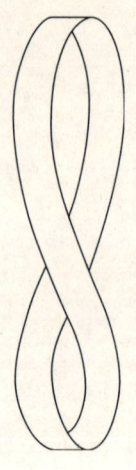

　내가 어렸을 때 받은 정규 교육은 대체로 즐거운 경험으로 남아있다. 읽기와 쓰기는 나에게 고통스런 일이 아니었다. 읽기는 다른 과목보다 쉬웠고, 쓰기는 내가 즐겨하는 일이었다. ─내 말은 '예술적으로 즐길 만하다'라는 것이다─그리고 연필로 쓴 나의 필체에 감탄하는 단계에 이르게 되었는데, 이것은 마치, 어린 중국 학생이 자신의 붓글씨 서체에 감탄하는 것과 같은 종류의 감탄이었다. 각각의 글자들이 다르게 표현된다는 것을 알고 놀라워했다. 같은 글자라도, 어떨 때는 다르게 표현된다는 것을 알고는 놀라왔다. 내 이름의 대문자 이니셜*EB*이 어떨 때는 불쌍해 보이기도 했고, 또 어떨 때는 통통하고 마냥 즐거워하는 듯이 보였는데, 마치 양 쪽 볼에 장미꽃이 활짝 핀 것처럼 보였다. 초등학교에 입학하면서, 지리 시간, 지도들 그리고 좀 더 길고 훨씬 재미있는 이야기들과 함께, 내가 학수고대하던 "1학년"이 기다리고 있었다.

　　　　　　　　　　　『산문집(散文集) The Collected Prose』 엘리자베스 비숍

우리의 학창시절과 그 후의 경험들은 다음과 같은 명령조의 훈시와 신념으로 얼룩져 있는데, "지금 열심히 일하면, 그 만한 보상이 따를 것이다.", "숙제를 끝 내기만하면, 너는 나가 놀아도 좋다." 또는 은퇴 후의 세월은 "황금의 세월이 될 거야."라는 등의. 하지만, 어느 시대에나 있었던 이 가정들의 필연적인 귀결歸結은 아직까지 검증되지 않았다.

공부만 하고 놀지 말라

All Work and No Play

우리가 일이나 공부에 대해 생각할 때, 우리 머릿속에 떠오르는 것은 압박감, 마감시한, 실패에 대한 두려움, 피로감, 선택의 부재, 주어진 목표, 어쩔수 없이 해야 하는 고통스러운 일 등, 이런 것들이다. 우리는 '노는 것'을 동전의 뒷면과 같은 것으로 여긴다: 무기력한 것이 아니고, 활기를 북돋아 주는 것, 결과가 아니라 재미를 위해 자유스럽게 뛰어들고 싶은 어떤 것, 압박감이 아니라 마음을 편하게 해주는 어떤 일로 생각한다.

미루어진 기쁨이라는 개념에 내포된 의미는, 일(공부)이 필연적으로 힘들다는 생각이다. 만약, 그렇지 않다면, 그 일을 위해 누군가가는 돈을 지급하고, 하도록 권징하고, 보상을 약속하겠는가? 이 질문은, 우리 중 어떤 이들이 자신이 맡은 일을 즐긴다는 사실을 부정하는 것이 아니라, 중요한 것은

일을 즐겨하는 사람들과 그렇지 않은 사람들의 차이점을 이해해야 한다는
사실이다.

> 하지만 누가 이 둘이 갈라서는 것을 수긍하겠는가
> 삶에 있어서 내 목표는
> 여가 활동과 직업을 일치시키는 것
> 내 두 눈이 합쳐 하나의 사물을 보듯이
> 오직 사랑과 필요가 하나 되는 곳에서
> 인간에게 있어서 노동은 즐기는 것일 뿐
> 이 일은 진실로 행해져야 하는 것
> 세상과 미래를 위해서

『'해빙기의 두 뜨내기' Two Tramps in Mud Time』 로버트 프로스트

공부와 일은 종종 즐겁지 않은 것으로 생각하기 때문에, 우리는 가능하면
뒤로 미루려고 한다. 마감시한이 없다면, 많은 사람들이 일을 착수하려고 자
리에 앉은 다음에도, 마음을 잡는 데에 꽤 오랜 시간이 걸린다. 하지만 테니
스를 치거나, 카드놀이, 태그놀이를 할 때는 우리는 바로 뛰어 든다. 처음부
터 힘들 것이라는 고정 관념을 극복할 필요도 없고, 실패에 대해 두려움도 없
이 그냥 시작하면 된다. 그냥 놀기만 하면 되는 것이다.

즐거움을 지연시키는 것이 의미 있는 경우는 꼭 해야 할 일을 한다거나, 즐
기면서 할 수 있는 방법이 없는 경우이다. 예를 들면, ① 의과 대학은 정말 끔

찍한 곳인데, 하지만 당신이 의사가 되고 싶다면 이 일을 반드시 해야만 한다. ② 빨래는 지겹지만, 아이들에게 깨끗한 옷을 입히기 위해서는 꼭 해야하는 일이다. ③ 당신이 지금 착한 일을 행한다면, 후에 보상을 받을 것이다. 하지만, 의학공부, 빨래, 착한 사람이 되는 것들이 힘든 노동처럼 느껴지는 것이 사실인가? 모든 사람들이 다 그렇게 느끼지는 않는다.

신체 각 부위를 암기해야 하는 해부학 공부는 지겹고 힘든 일이다: 하지만 해부학 공부가 아니고, 보드게임이나 우리가 잘 아는 사람들을 짜 맞추고 해체하는 퍼즐 게임이라면 어떻겠는가? 의대생들은 '자신이 공부하는 거의 모든 질병을 갖고 있다'는 의대생들, 자신들의 자조自嘲적인 표현을 생각해보라. 당신이 어떤 질병을 갖고 있다면, 그 질병의 증상, 원인, 그리고 그 치료법을 공부하는 것이, 재미있는 일은 아니겠지만, 그렇게 어려운 일은 아닐 것이다.

내 동료인 로저 브라운Roger Brown이 지적하길, 미래의 보상을 위해 우리가 지금 행하는 일들이, 때로는 우리로 하여금 몰입하게 하고 즐거움을 주기는 해도, 성취했을 때 받는 보상 자체가 그리 중요한 것 같지는 않다는 것이다. 회고하건대, 글쓰기나 데이터를 연구하는 것, 등등의 일들이 그 자체가 가장 크고, 가장 확실한 즐거움으로 추억되는 것이지, 우리가 미래에 있을 것으로 기대한 (상을 타는 것 같은) 성취에 대한 작은 트로피와 같은 것이 아니다.

현재에 대한 보상만이 확실한 것이다. 미루어진 보상은 공허하게 들린다.("내가 이 목표를 위해 포기한 모든 것들을 생각해 볼 때……") 기다림을 합리화하기 위해, 미래는 반드시 더 큰 보상을 약속해야 한다. 그렇지만, 큰 보상의 약속은 현재 상황의 이해를 약화시킨다. 때로는 기다림 다음에 오는 보상이 더욱 달콤하지 않은가? 아마도 그럴 것이다. 하지만, 극한적으로 얘기하면, 이것은 벽에다 머리를 찧는 행위에 비교할 수 있는 건강하지 못한 상쇄 거래trade-off일 수 있다. 왜냐하면, 우리가 머리를 찧는 행위를 중단하면 기분이 좋아진다. 물론, 고통을 겪은 다음에야 행복을 경험할 수는 있긴 하다. 하지만, 가파른 정상과 깊숙한 골짜기로 향하는 대안代案만이 항구적이고 순탄한 정서적 경험이 아니다. 프로스트가 지적했듯이 노동이 "우리인간에겐 놀이"가 되는 전면적인 몰입만이 항구적이고, 충만하며, 상존 하는 기쁨의 원천이다.

우리가 크리스마스 때까지 선물을 개봉하지 않는 것이나, 신년 이후의 여행을 계획한다면, 우리가 기쁨을 연기하는 것이 아니겠는가? 기대감 자체는 긍정적이기는 하지만 기쁨을 미루는 것은 아니다. 당신이 떠나기로 한 바로 그날 여행을 떠나는 것과 3주 후에 여행 떠날 것을 계획하는 것을 비교해 보라. 당신은 적극적으로 계획을 짜거나 정보를 수집하고, 모든 재미있는 일들을 상상하면서 남은 3주를 보내게 될 것이다. 이런 생각들만으로 여행이 흥미로울 수 있을 것이다. 하지만 이것은 기쁨을 지연시키는 것이 아니다. 단지 기대감과 실제 여행 때문에 그렇게 느껴지는 것뿐이다.

교육자와 부모들이 아이들로 하여금 싫어하는 행동─숙제와 집안 일─을 하도록 권장하는데 사용하는 두 가지 전형적인 방법이 있다. 아이들에게 보상(혹은, 지시대로 하지 않을 겨우 받게 되는 벌)이 뒤 따른다거나, 아니면 즐겹지 않은 일에 재미있는 요소를 첨가하는 두 가지 방법이다. 두 가지 경우 모두, 아이들에게 일 자체가 혐오스러운 것이라는 가정假定을 강화시킨다.

아이들은 일이 힘들고 혐오스러운 것이라는 생각을 조장하는 이야기들을 익히 들어왔다: 하루 종일 벽난로의 재를 청소하면 잘생긴 왕자님을 만나게 된다든지: 커다란 이빨의 무서운 마귀할멈을 잘 돌보면 황금 항아리를 가질 수 있다든지: 여름 내내 초원에서 찌이찌이 노래만 하는 베짱이는 굶어죽고, 먼지 풀풀 나는 곡물 창고에서 땀 흘리며 일하는 미천한 개미는 칭송을 듣고 보상을 받는다는 등의 동화나 우화들의 소재는 아이들이 익히 알고 있는 내용들이다.

아이들이 눈앞의 즐거움을 외면하고, 미래에 커다란 보상을 가져다주는 활동에만 시간과 에너지를 투자해야 한다고 배우게 되면, 우리가 사는 이 세상이 공정하고 질서가 있으며 예측 가능하다고 추정해야 하고, 아이들은 세상 사람들이 현재 응분의 보상과 징벌을 받고 있다고 생각하게 된다.(1) 이런 공정한 세상('개미와 베짱이' 우화에 나오는 세상과 같은)에 대한 믿음이 '미루어진 기쁨'이 존재한다는 생각을 더욱 부추기게 된다. (이 생각은 또한 희생자를 비하하는 경향을 조장하게 된다. 사람들이 응분의 보상을 받고 있다고 생각되면, 희생자들은 처벌을 받는 것이 마땅하다는 믿음의 단초端初가 된다.)

놀이를 일로 바꾸기

Turning Play into Work

한 작가 친구가 저작에 몰두하려고 할 때, 몇 명의 아이들이 창문 아래에서 아주 요란스럽고 흥미 있는 게임을 막 시작하려하고 있었다. 그는 아이들에게 딴 데 가서 놀라고 요구했다. 그가 아이들의 흥미진진한 놀이를 깨뜨린 것이 명백하므로, 그 대가로 아이들에게 각각 25센트 동전 하나 씩을 지불했다. 다음날 아이들이 다시 와서 똑 같은 소란을 일으켰고, 다시 아이들에게 동전을 주었다. 이런 똑 같은 일상이 일주일 이상이나 반복되었고, 마침 친구는 가진 동전이 바닥난걸 알게 되었다. 그래서 어쩔 수 없이 그 소란을 감내해야만 했다. 친구는 이런 소란 속에서도 작업을 할 수 있다는 것을 알게 되었고, 그 이후로는 더 이상 돈을 주지 않았다. 아이들도 오지 않았다. 두 주쯤 지나서, 친구는 시장에서 그 들 중 한 명을 우연히 마주쳤을 때, 왜 놀러오지 않는지 물어 보았다. 그 아이는 "아무 소득도 없는데, 우리가 거길 왜 가요?" 라고 반문했다.

　때로 보상행위는 이런 효과 밖에 없다: 행위만을 지나치게 합리화시키다 보면, 본래의 내재하는 가치는 무시된다.[2] 아이들은 처음에는 놀이가 재미있어서 왔었다. 하지만 돈을 받고부터는, 그 보상 때문에 온 것이다. 마음속에 다른 목적이 있을 때는, 놀이 자체도 본연의 가치를 잃어버리게 되는 것 같다.

　누가 태초에 일을 발명해 냈나?

　자유스럽고, 휴일을 기뻐 맞이하는 영혼을 꽁꽁 묶어 버리면서

『노동Work』찰스 램

　처음에는 즐겁게 여겨지던 일이 나중에는 진짜 일처럼 느껴지는 경험을 우리들 중 누군들 겪어보지 않았는가? 정원을 가꾸는 일은 처음에는 재미있다. 하지만, 제초작업은 아닐 수 있다. 처음으로 하는 요리는 마음을 사로잡는 일일 수 있다. 하지만, 다시 준비하는 것은 아닐 수 있다. 농구 경기는 무척 재미있다. 하지만, 시합은 일이 될 수 있다. 반복적 작업이 문제가 될 소지가 있다. 꼭 해야 한다고 다른 동기를 부여하는 행위, 평가에 대한 두려움, 아니면, 과정을 무시하고 결과만을 중시하는 태도 등이 놀이를 일로 바꾸는 동인動因이 될 수 있다. 예를 들면, 요리가 여자보다는 남자들에게 더 재미있을 수 있는데, 왜냐하면, 사람들이 남자는 반드시 요리를 잘 해야 한다고 기대하지 않기 때문이다. (아마도 전혀 하지 않아도 상관없을 것이다.)

대부분의 일이란 것이 본래부터 즐겁거나, 즐겁지 않은 것이 아니다. 다만 그 임무에 부과된 평가 때문에 사람들은 그렇다고 생각하게 된다. 실제로, 어떤 활동도 일이 될 수 있다. 그리고 전부는 아니지만 대부분의 활동은 즐기며 할 수 있다. 많은 학생들에게 수학문제를 푸는 것은 즐거운 일이 아닐 수 있지만, 그런데도 이 들 중 몇몇은 고난도의 퍼즐 문제로 꽉 찬 잡지를 구매한다. 대부분의 사람들에게 부정적인 평가의 두려움이 학창 시절의 경험에 많은 영향을 미친다. 크로드 스틸Claude Steele의 연구에 의하면, 흑인 학생들은 자신의 자존심을 상하지 않게하기 위하여, 학업에 관련된 문제에 대해서 거리를 두는 경향이 있다고 한다.[3] 한 연구에서, 학생들에게 공부하는 내용에 대해 시험을 치를 것이다, 또는 치르지 않을 것이라고 말해주었다. 흑인학생들은, 시험을 볼 것이라고 믿는 경우 외에는 완벽하게 잘 소화해 냈다. 시험에 대한 예상이 우리 모두에게 영향을 끼치기는 하지만, 흑인학생들은 자신의 시험성적이 좋지 않을 것이라는 부정적인 고정관념을 확인해 주는 가능성(시험 결과)에 대해 추가적인 불안감을 갖게 된다고, 스틸은 주장한다. 이러한 영향력은, 우리의 학창시절경험과 시험에 대한 불안감이 어느 정도로 철저하게 엮여있는가를 기억해 보면 충분히 이해가 될 것이다.

우리가 활동의 즐거움을 평가할 때 사용하는 방식, 즉 학생들이 처한 상황에 따라서 평가하는 것과, 우리가 규정짓는 활동의 명칭에 따라 평가하는, 두 가지 방식에 대해 알아보기 위해 소피아 스노우Sophia Snow와 나는 한 연구를 수행했다.[4] 우리가 '일' 또는 '놀이'라고 분류하는 방식에 따라, 똑 같은 활동을 사람들이 다르게 생각하는지 어떤 지를 관찰했다. 보스턴 지역에 사는 성인들을 대상으로, 게리 라슨Gary Larson의 만화 달력과 관련된 세 가지 실험 중 한 가지 실험에 참가하도록 했다. 만화가 재미있는 내용이라 실험이 흥미로울 것으로 기대했다. 첫 번째 실험에서는, 참가자들에게 만화를 홀수나 짝수 날짜별로 분류해 달라고 했고, 이어서 월 별로 분류하도록 했고, 그러고 나서 만화가 몇 장인지 합산해 보라고 했다. 다른 두 가지 실험은 모두 더 어렵고, 집중을 요하는 실험이었다. 두 번째 실험에서는, 참가자에게 만화에 들어 있는 한 단어 혹은 두 단어를 변경해서 전혀 다른 의미를 만들어 보라고 했다. 마지막 실험에서는, 참가자들에게 자신들 원하는 주제별로 만화를 분류해 달라고 했다. 예를 들면, 가장 재미있는 것과 가장 재미없는 것, 아니면 그림 중에 개가 들어 있는 것과 들어 있지 않은 것, 이런 식으로 자신이 설정한 주제 별로 분류하도록 했다. 참가자들의 절반에게는 이 실험이 '게임'이라고 말했으며, 나머지 절반에게는 '일'이라고 설명했다.

참가자들이 과제를 끝낸 다음에, 작업을 하면서 얼마나 즐거웠는지, 아니면 마음의 방황을 느꼈는지를 물어 보았다. 첫 번째 실험 참가자들은, 우리가 그 작업을 일이라고 했든, 놀이라고 규정했든지 간에 다들 즐거워했는데, '일' 그룹에 속했던 훨씬 더 많은 사람들이 작업도중에 마음의 방황을 겪었노라고 보고했다. 두 가지 더 어려운 실험에서는, '일' 그룹보다는 '놀이' 그룹에 속한 더 많은 사람들이 실험을 즐겼다. 다시 한 번 확인하건대, '일' 그룹에 속한 사람들이 '놀이' 그룹에 속한 사람에 비해 두 배나 더 방황했다고 말했다.

'일'을 '놀이'로 바꾸기

Turning Work into Play

글자 맞추기 퍼즐을 좋아하는 사람들이, 퍼즐문제에 걸맞은 단어를 찾아내는 즐거움을 생각해보라. 그리고 나서 속도와 정확도에 대해 등급을 매긴다는 예상을 하고 같은 퍼즐을 한다고 상상해 보라. 어떤 행위를 놀이로 생각하면, 우리는 평가대상이 아닌 것으로 접근을 하게 되고, 거기에 몰입하게 된다. 어떤 행위를 즐거운 것으로 만들어 주는 것은, 모르는 것에서 아는 것으로의 이행 과정이다. 퍼즐 게임에서, 단 하나 뿐인 해답을 찾아낼 때보다 만약 몇 가지 가능한 해결책이 존재하고, 그럴 듯한 한 가지 해결책으로 좁혀갈 수 있을 때 우리는 더욱 재미를 느끼게 된다.

우리가 어떤 일에 몰입해 있을 때, 그 즐거움의 많은 부분이 여러 대안을 우리가 선별할 수 있다는 사실에 기인하거나, 혹은 주의를 기울이는 대상을 우리가 선택할 수 있다는 이유 때문에, 흥미를 끄는 그 대상들을 인식한다.

프로빈스타운 미술위원회The Provincetown Art Association에서 해마다 예술작품 경매가 열린다. 나는 작품들을 훑어보고 그 중 한, 두 작품에 입찰할 계획을 세운다. 입찰 전에, 작품들의 세부사항들, 즉 색깔, 주제, 스타일 등에 대해 주의를 기울인다. 계속 그림들을 선별하면서, 심지어는 우리 집 어느 장소에 잘 어울릴지 상상을 하기도 한다. 내가 주의를 기울이면 기울일수록, 더욱더 잠재적 구매 작품에 이끌리게 된다. 어떨 때는 입찰에서 떨어지기도 하는데, 그 때는 나보다 더 많은 돈을 가진 사람이나 나보다 입찰과정에 더 몰입해 있는 사람에게 낙찰된다. 내가 그림을 가지고 집에 오든지 아니면 돈을 가지고 오든, 입찰행위 자체가 재미있고, 매 년 그 행사가 기다려진다.

업무에는 우리가 취급하는 대상에 대해 거의 선택의 자유가 없거나, 아니면 적어도 업무를 시작하는 초기에는 그렇게 보인다. 우리가 하는 대부분의 '일'은 사전에 정해진 엄격한 단계들이 있다: 수업을 할 때 이 12가지 점들을 검토해라; 고객들에게 이 다섯 가지 특징들을 상세히 설명하라; 이런 식으로, 또는 이런 순서로 상품을 진열하라, 등등. 우리의 업무를 아무리 상세하게 규정한다 하더라도, 더 좋은 선택과, 구별, 그리고 다양한 접근 방법에 대한 여지는 항상 존재한다.

역사 과목을 공부하는 학생들에게는, 학생들이 공부해야만 하는 교과내용에 대해 선택의 자유가 거의 없어 보인다. 이것들은 과거에 일어난 사실들이고, 학생들의 과제는 그것들을 배우는 것이다. 역사 과목은 항상 내가 제일 싫어하는 과목이었는데, 내가 필요로 하는 것을 암기하긴 했지만 항상 사람의 진을 빼는 작업이었다. 이것은 마치 '허클베리 핀의 모험'에서 마크 트웨인이 표현한 그대로, 그의 충고를 그대로 받아들인 것 같다.

이 이야기에서 어떤 동기를 찾으려 하는 사람은 기소될 것이며; 도덕성을 찾으려 하는 사람은 추방될 것이며; 줄거리를 찾으려 했다간 총살을 당할 것이다.

―권위의 명령을 좇아서By Order of the Author

금지된 이 모든 가능성, 좀 더 정확히 말하면, 한 번도 역사를 제대로 배운 적이 없다는 것을 고려해 볼 때, 내가 차이를 발견해 내는 식의 마음챙김 방식으로 역사공부에 전념하더라도 역사가 재미있는 과목이 되리라고는 생각할 수 없었다. 내가 진정으로 배운 내용은 단지, 역사는 과거에 일어난 일에 관한 것이지, 현재나 미래에 관한 것이 아니라는 것이고, 또 별로 재미가 없다는 것이다.

우리는 일상의 활동을 일과 놀이라는 두 범주로 구분한다. 이런 구분은 문화에 따라 다르다. 인류학자인 로버트 르 바인Robert Le Vine은 카트만두의 시골 마을에서 행한 현지관찰에 대해 얘기해 주었다.[5] 그 곳에서는 상류계층의 힌두 남자들―아버지들, 할아버지들, 십대 남자아이, 그리고 삼촌―들이 몇 시간 동안이고 아이들 돌보는 일을 떠맡는데, 이 행위는 아이들과 어울려 놀고 싶을 때에만 국한되지 않는다. 그들은 명백한 즐거움과 사랑으로 아이들을 먹여주고 씻겨준다. 이러한 행동이 그들의 남성성을 위태롭게 하지는 않는 것처럼 보인다. 네팔계 힌두인 들은 부계사회이기 때문에, 이런 행동은 놀랍다. 높은 계급의 네팔인 들은 다른 일보다 아기 키우는 것을 더 좋아한다. 학교에 다녀 본 적이 있는 사람들이 더 잘 다루기 때문에 들판으로 나가지 않고 아기들과 함께 머무를 수 있는 것이다. 육아는 여가 활동으로 보인다.

반대로, 케냐에 사는 구시족Gusii에게는, 육아는 하찮은 일이고, 낮은 계급에 합당한 일로 여겨진다. 남자와 십대 소녀들은 아기들을 돌보지 않는다.

실제로 어떤 일이든지, 우리가 다른 태도로 접근하기만 하면, 즐겁게 할 수 있다. 우리가 오래 동안 어떤 특정 활동이 괴롭고 힘들다는 고정관념을 갖고 있다면, 의식적인 자세로 바꾸기는 어렵다. 하지만 어려움은 고정관념에서 비롯되는 것이지, 활동자체에 의한 것은 아니다.

스탠리 밀그램Stanley Milgrm이 뉴욕에서 사회심리학적인 실험을 했을 때, 이 방식의 위력을 활용했다. 연구자들은 실험참가를 권장하기 위해, 피실험자에게 참여한 대가로 돈을 지불했는데, 말하자면 일에 대한 대가를 지불했다. 밀그램은 가끔은 실험조수들에게 학교 밖에 '오늘 실험 참가자에게는 돈을 지불하지 않을 수 있다' 는 안내판을 들고 서 있도록 했다. 그래도 많은 사람들이 참가했다.

로리 피에트라즈Lori Pietrasz와 나는 싫어하는 일 조차도 즐겨할 수 있다는 견해를 시험했다.[6] 실험참가자들은, 그들이 특별히 좋아하지 않는 음악 테이프나 TV로 중계되는 축구 경기를 듣거나 시청했다. 이들에게, 이 일은 좋아서 하는 일이 아니라 꼭 해야 하는 일상의 일이었다.

특별히 랩 음악을 좋아하지 않는 참가자들은 랩 음악 테이프를 들었고; 고전음악을 좋아하지 않는 참가자에게는 고전음악 테이프를 들려주었다. 축구경기를 재미 없어하는 참가자에게는 슈퍼 볼 게임을 보도록 했다. 참가자들에게 참여한 활동에 대해 3개 또는 6개의 새로운 관점에 주의하도록 요청했다. 각각의 경우에, 대조그룹에게는 관점을 밝히라는 주문을 하지 않고 같은 음악을 듣거나, 축구경기를 시청하도록 했다. 구분을 짓도록 지시받은 그룹은 자신들의 선별방식을 선택했다. 축구의 경우는 선수들의 외모에 대한 특별한 사항이거나, 아니면 팀 동료들 간의 상호 작용에 대한 것이었다. 음악의 경우는, 어떤 악기들을 소리로 식별해 낼 수 있는지, 또는 가사의 의미 아니면 의미부재에 관한 내용이었다. 각각의 실험활동에 대해, 실험에 참가하기 전과 참가 후의 활동에 대한 참가자들의 선호도를 평가했다. 선별을 하도록, 즉 구분을 짓도록 지시받은 각각의 그룹은 실험참가 전보다 그 활동을 더 좋아하게 된 것으로 판명되었다. 더 많은 선별작업을 할수록, 참가자들은 그 활동을 더욱 좋아했다. 아무 지시도 받지 않은 대조그룹은 전 후의 선호도에 차이가 없었다.

안드리아 마르커스Andrea Marcus와 행한 다른 실험에서, 참가자들에게 눈에 익지 않은 미술작품을 보여 주었다.[7] 모든 참가자들은 두 개의 그림을 보았다. 첫 번째는, 참가자들에게 그림에 대해 새로운 관점에 주의하도록 지시했거나, 아니면 아무런 지시 사항도 주지 않았다. 두 번째는, 참가자들에게 상대적인 평가를 내리도록 했다. 그들에게 작품을 얼마나 좋아하는지를 질문하기보다, 작품에 대한 개입의 정도가 얼마나 깊은 영향을 미치는 가를 알고 싶었다. 그림을 다 보여주고 나서, 우리는 두 그림의 제목이 포함된 종이 한 장씩을 나누어 주었다. 한 그림 밑에는 몇 개의 서명이 있었고, 다른 한 장의 그림 밑에는 단 하나의 서명만 있었다. 참가자들에게 그들이 좋아하는 그림의 제목 밑에 자신의 이름을 써 넣도록 했다. 그림에 마음챙겨 접근한 피실험 군들이 자신의 선호도에 대해 느끼는 정도가 강렬하기 때문에, 대부분의 참가자들이 전반적으로 추종하는 판단에 반하는 결정을 할 공산이 클지 어떨지 궁금했었는데, 실제로 이들은 인기 없는 작품을 선택했다.

새로운 관점을 이끌어 낸 사람들이 실제로 다른 사람들의 의견에 덜 동조하는 것 같다. 이 참가자들이 단순히 판단만 하도록 지시 받은 피실험자들 보다 자신의 감정에 더욱 확신을 갖고 있었다.

사회심리학은 단순노출효과(the mere exposure effect; 어떤 자극에 반복적으로 노출이 되는 것만으로도 그 자극을 좋아하게 된다는 현상. 일종의 광고 효과)에 관한 일단의 작업을 포함한다. 이 현상에 대한 원래 연구에서, 실험대상자들에게 친숙하지 않은 터키어 단어들을 보여주었다.[8] 단어들은 리스트에 여러 번 나타나거나, 아니면 한 번만 나타났다. 피험자들에게 이 친숙하지 않은 단어들의 정의가 무엇인지 생각하도록 요구했다. 그들이 내린 정의는, 얼마나 적극적으로 생각했는지에 따라 평가되고 등급이 매겨졌다. 리스트에 몇 번이나 노출되었던 단어들은 더 적극적으로 정의되었다.

익숙하지 않은 자극에 노출되는 빈도가 높을수록, 이에 대한 선호도가 높아지는 효과가 있는 듯하다. 단순한 자극보다는, 복잡한 자극을 주었을 때 선호도가 더 증가하는 것 같다. 정#적인 차례보다는 다양한 순서에 노출되었을 때 더 선호하는 것 같고; 식별할 수 있는 단어보다는, 식별할 수 없지만 간략하게 제시된 단어들을 더 많이 선호하고; 일반적으로 모호한 것에 대해 참을성이 많은 사람들에게서 선호도가 높아졌다.[9] 더욱이, 지루함은 단순노출효과를 제한하는 것 같다.[10] 이 장에서 언급된 다른 연구와 함께 이러한 결과들이 암시하는 것은, 단순노출효과 배후에 있는 메커니즘이 아마도 증강된 집중력, 즉 노출의 결과로써의 마음챙김 몰입mindful engagement일 수 도 있다는 것이다.

마음챙김 몰입은 단어나 대상에 대한 선호도를 높일 뿐 아니라, 사람에 대한 호감好感도 높인다. 벤지온 샤노비츠Benzion Chanowitz, 리챠드 배쉬너Richard Bashner와 나는 초등학교 어린이들에게 장애인들의 슬라이드를 보여주고는, 아이들에게 각각의 장애인에 대해 몇 가지 질문을 했다.[11] 아이들은 각 질문에 대해 한 가지 또는 몇 가지의 대답을 해야 했다. 예를 들면, 아이들에게 여자 사진을 보여 주고, 그 여자가 맹인이라고 말해준다. 대조군에게는, 그 여자가 요리사로써 자신의 직업을 잘 할 수 있는 방법 한 가지와, 그렇지 못할 방법 한 가지에 대해 답하도록 했다. 다른 그룹에게는 그 녀가 잘 할 수 있는 방법과 그렇지 못 할 방법에 대해 네 가지씩을 답하라고 했다. 다음으로, 아이들에게 장애를 가진 아이가 그들이 다니는 학교로 전학을 온다고 말해 주었다. 그리고는, 그 장애아와 함께 소풍을 같이 가기를 원하는지, 학교의 다양한 활동에 그 아이의 파트너가 되고 싶은지를 물어 보았다. 앞 선 실험에서 다양한 대답을 했던 아이들이 장애아인 전학생을 덜 기피하는 경향을 보였고, 또한 그들의 반응도 훨씬 다양했다. 예를 들어, 이런 아이들은 맹인에게 유리할 수 있는 '당나귀 꼬리붙이기' 놀이와 같은 활동에 파트너로 함께 하기를 원하는 경향이 있었지만, '휠체어놀이' 같은 맹인에게 불리한 활동에서는 그렇지 않았다.

의식적으로 차이를 유도해 내는 것은 아이들로 하여금 능동적으로 좋은 점 또는 나쁜 점을 찾도록 유도하는 행위가 아이들이 하는 활동에 재미를 주는 것 말고도 다른 좋은 점이 있는 듯하다. 취업 준비를 하고 있는 많은 사람들은 은연중 또는 노골적으로 외부에 있는 무언가가 그들의 관심을 꽉 붙잡을 때까지 기다리도록 교육을 받아왔다. 세월이 흐르면서 학생들은 좌절하거나 불행해지는데, 이유는 자신이 어떤 직업을 택해야 할지 모르기 때문이다. 마치 자신이 원하는 직업과 자신이 알아야 할 것에 대해 적극적으로 개입을 하지 않는 것처럼 보인다. 인턴과정이 이에 대해 약간의 정보를 제공해 주지만, 인턴을 선택하는 것도 직업을 고르는 것과 같은 똑 같은 문제가 발생한다. 우리를 붙잡아 줄 직업을 찾을 때까지 기다린다면, 우리가 선택할 수 있는 통제권의 많은 부분을 포기하는 것이다. 적극적인 개입은 우리들로 하여금 능동적 선택을 요구한다. 차이를 유도하는 것은 때로 활동 자체를 몇 개의 작은 조각으로 나누는 것을 의미하기도 한다. 직업이 아닌 활동, 취미나 여가 활동도 우리가 적극적으로 개입할 때에만 즐거운 일이 될 수 있다. 박물관에 관심이 없는 많은 사람들이 자신은 관심이 없음에도, 친구나 배우자에 의해 박물관 주위를 끌려 다니는 경우를 자주 볼 수 있다. 미술, 취미, 혹은 직업의 선택에 대해 말할 때에도, 대체로, 사람들은 그 일을 시작하기도 전에 자신이 그 일을 좋아하게 될 것인지 아닌지 알기 원한다. 분명히, 자신이 좋아하는 것을 결정함에 더 적극적인 역할을 할 수 있다고 인식할 때, 더 많은 선택의 기회가 열려 있다. 우리가 이 적극적인 역할을 받아들이지 않는다면, '놀이'도 심지어 '일' 처럼 느껴질 수 있다.

즐거움이란 자신이 존재하는 상태
무엇을 배우느냐에 따라
결정되는.
배움이란 이런 종류의 즐거운
경험 속으로 들어가는
인생의 과정.
즐거움이 없으면 배움도 없고.
배움이 없으면 즐거움도 없다.

『기쁨의 노래Song of Joy』 왕 컨

chapter 04

1066년, 어떤 해? 또는 무조건식 암기 교육의 폐해

1066 What? or The Hazards of Rote Memory

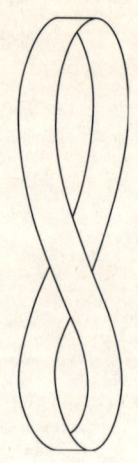

……. 보름달이 떠오르자 헨젤은 여동생의 손을 잡고, 새로 주조한 은화처럼 하얗게 반짝거리는 조약돌을 따라 갔다. 그들이 집에 도착했을 때, 아빠가 반가이 맞아 주었는데, 아빠는 자신이 남매를 숲 속에 내다 버린 데 대해서 무척 마음 아파했었다.

오래지 않아, 온 나라에 다시 한 번 기아飢餓가 휩쓸고 갔는데, 어느 날 밤 남매는 엄마가 베개머리에서 아빠에게 속삭이는 말을 들었다. "먹을 양식이 다 떨어졌어요. 빵 한 덩어리만 남았는데, 그것마저 먹어 치우게 되면, 그야 말로 먹을 게 아무 것도 없어요. 애들을 보내야만 돼요. 이번에는 숲속 더 깊숙이 데리고 가서 집으로 오는 길을 찾지 못하게 해야겠어요."

엄마, 아빠가 잠들었을 때, 헨젤은 일어나서 예전에 그랬던 것처럼 조약돌을 주우려 밖으로 나가려고 했는데, 엄마가 미리 알고 문을 잠가 버렸기 때문에 밖에 나갈 수가 없었다.

다음날 아침, 엄마가 와서는 남매에게 침대에서 나오라고 했다. 엄마는 남매에게 작은 빵조각 하나씩을 주었는데, 지난 번 보다 더 작았다. 숲으로 가는 길에 헨젤은 주머니에서 빵을 부스러뜨리고는 자주 멈춰 서서 빵 부스러기를 바닥에 던졌다. 그는 가는 길에 조금씩 빵부스러기를 다 뿌렸다. 엄마는 숲속 훨씬 깊은 곳까지 애들을 데리고 갔는데, 마침내 이제껏 한 번도 와보지 않은 곳까지 왔다. "애들아, 여기 가만히 앉아 있어라. 잠이 오면 자도록 하려무나. 우리는 장작을 구하기 위해 숲으로 들어 갈 건데, 저녁에 일이 다 끝나면, 와서 데리고 가마."

그리고 나서 아이들은 잠이 들었고, 저녁도 지났지만, 불쌍한 남매를 위해 아무도 오지 않았다. 깜깜한 밤이 되어서야 남매는 잠에서 깼다. 헨젤이 여동생을 안심시키면서 말했다. "달이 떠오를 때 까지만 기다려, 그레텔. 그러면, 이제 내가 흩뿌려 논 빵부스러기를 보게 될 거야. 그것들이 우리를 집으로 가게 안내해 줄 거야."

달이 떠올라, 그들은 출발했지만 빵부스러기를 찾을 수가 없었다. 왜냐면, 숲속과 들판 위를 날아다니던 수많은 새들이 다 먹어 버렸기 때문이었다.

그들은 밤을 꼬박 새워 이튿날까지, 밤낮으로 걸었지만, 숲속을 벗어날 수가 없었다. 마침내 너무 지치고 허기져서, 더 이상 걸을 수가 없게 되었다. 그래서 나무아래에 누워 잠이 들고 말았다.

『헨젤 과 그레텔』 그림 형제

헨젤과 그레텔은 더 큰 그림을 보지 못했다. 전에 조약돌을 따라 집에 올 수 있었다는 빈약한 이론으로, 빵가루를 따라 간다는 생각은 숲을 기억하려고 하는 것보다는 쉬워 보이지만, 두 가지 전략 모두 새로운 환경에서 총체적인 통제력을 제공하지 못한다. 그들이 적극적으로 차이점을 유추해 내거나, 그들이 처한 환경에서 더 좋은 관점에 주의했더라면, —앞으로 알게 되겠지만—그들은 아마도 집으로 가는 길을 더 쉽게 찾을 수 있었을 것이다.

암기학습에만 의존하는 학생들은 아마 위의 남매와 비슷하게 무력한 상황에 처한 자신을 발견하게 될 것이다. 학생들이 구구단이나 게티즈버그 연설을 의무적으로 외우는 것은 물론 지난 시대의 유물이겠지만, 대부분의 학습, 특히, 시험 준비를 위한 암기는 지금도 여전히 행해지고 있다. "그 내용은 너무나 잘 알고 있지요." A학점을 받은 어느 학생이 소리쳤다. "그 시험은 꿈속에서도 치를 수가 있어요." 대부분의 학생들이 지금도 많은 사실들을 교재나 필기한 노트를 보고 암기함으로써 시험을 준비하고 있다. 그리고 대부분은 아니지만, 많은 선생님들이, 주요 정보사항은 학생들이 자신의 손금을 들여다보듯이 자세히 알아야 한다고 주장하고 있다.

정보 가두기

Locking Up Information

　암기는 개인적인 의미가 없는 내용을 흡수하는 전략이다. 암기를 잘 하는 학생은 그 과제에 대한 대부분의 테스트에서 성공하겠지만, 좀 다른 상황에서 과제의 내용을 활용하려고 할 때는 문제가 생긴다. 이러한 단순암기의 맹점은, 학생들이 교과서를 외우려고 할 때나, 직장인들이 기술 자료나 다른 자료를 암기하려고 할 때, 우리 모두에게 적용된다.

　내가 대학원생이었을 때, '록과 해리스Rock and Harris' 두 저자가 작성한 글의 주요 부분을 암기하여, 테스트에서 정확한 해답을 냈던 기억이 있다. 시험을 치른 그 주 말 쯤 해리스의 글을 읽은 적이 있냐는 질문을 받고는, '없어요.' 라고 말해 버렸다. 만약 그 때 내가 '록과 해리스Rock and Harris' 의 글을 읽은 적이 있냐는 질문을 받았더라면, 나는 아마, '예' 라고 대답을 했을 것이다. 나는 그 이름들을 하나의 '포장된 상자as a package' 로 배웠으며, 그런 식으로 내 마음 속에 남아 있었다. 적어도 내 또래의 사람들에게, 이런 '상자학습package'의 전형적인 예는 아마도 '해스팅 전투(Battle of Hastings; 1066년 영국 현 왕실의 시작의 계기가 된 전투)'일 것이다. 나는 이 역사적 사실에 대해 전혀 아는 바가 없었고, 다만 학교직원회의에서 우리들 모두가 갖고 있지만 버리고 싶은 쓸데없는 예例가 무엇이냐고 물었을 때에, 해당하는 예가 이것이다. 만약 누군가가 '해스팅 전투'라고 말한다면, 나는 지금도 A학점을 기대하면서, '1066년' 이렇게 불쑥 대답할 것이다. 흥미롭게도, 이 대답 안에는 '해스팅 전투'를 구성하는 단 하나의 사건도 들어있지 않다. 역사가들은 일련의 사건들 전체에다가 하나의 이름만을 부여하여, 우리가 '역사적 사실fact'이라고 믿고 있는 대부분의 것을 진실인 것처럼 말하고 있는데, 사실은 각 사건 하나하나가 다양한 관점에서 바라볼 수 있는 것들이다.

우리는 TV 퀴즈쇼를 보면서, 많은 질문에 정확하게 답할 수 있는데 (그렇지 않으면 TV 쇼는 만족할 만한 시청률을 올릴 수 없을 것이다.), 그럼에도 다른 어떤 상황에서는 그 정보에 이를 수 있는 길이 없다. 즉, 정답을 맞힐 수 없다. *역자 : 우리들에게, "정복자, 윌리엄"은 오직 "해스팅 전투를 승리로 이끈 사람은?"이란 질문에 대한 정답으로만 존재할 뿐이다.

교육은 전통적으로 학생들에게 상황이 거의 무시된 정보 상자packages of information만을 제공해왔다. 설사 상황이 주어진다 하더라도, 정보의 제공 방식은 여전히 무조건적인 이해과정을 조장한다. 예를 들어, '미국의 남북전쟁 the Civil War의 배경에는 3가지 이유가 있다'라고 말하는 것은, 남북전쟁의 상황과 관점 모두를 빠뜨리고 있다. '남부의 50세 먹은 백인은 그 이유가 뭐라고 생각할까?' '같은 나이의 흑인은?' '북부의 젊은 여인들은 어떻게 생각할까?' 등등. 사건의 관점을 빠뜨렸을 때, 교재나 선생님은 관점을 도외시한 채 그 정보가 진실인 것으로, 즉 역사적 사실로 처리해 버린다. 설사 그 정보가 두 가지 관점에서 주어졌다 하더라도, 추가로 다른 관점이 존재할 수 있다는 가능성을 의도적으로 조성해 주지 않으면, 학생들은 이 두 가지 관점만을 맹신하는 경향을 보일 것이다; 결과적으로 학생들에게는 외어야할 정보의 절대량이 단지 두 배로 증가했다는 사실 밖에 없다.

우리들 대부분은 암기를 힘든 일로 여기고, 많은 사실을 배우는 것이 너무 부담스럽고 우리 마음을 잡다함으로 채우는 것처럼 느낀다. 9자리 우편 번호와 장거리 시외 전화의 계속되는 숫자를 기억해 내려고 무진 애를 쓰는 한 중년의 여성이, 친구에게 전화하면서, "이제 주 정부 전화번호는 지워야 할까봐. 외울게 너무 많아." 하는 소리를 엿들은 적이 있다.

이런 폐쇄된 정보 상자들을 우리는 사실로 받아들인다. 이러한 사실들은 절대적인 진실로 존재하며 암기를 통해 익혀야 할 것으로 받아들이면서, 그 이유에 대해 생각할 여지餘地는 거의 없다. 이 상자를 열어야 할 아무 이유가 없기 때문에, 이 정보가 우리를 개념적인 통찰로 인도해 줄 기회도 없으며, 심지어는 새로운 상황에서 다시 생각해 볼 기회조차 없다. 우리는 이런 캡슐화된 정보를 과잉학습의 예로 생각할 수 있다.

단순 암기의 폐해는 오랫동안 지적되어 왔다.[1] 암기와 연습만을 강조하는 학교에서 학생들의 따분함 정도가 높게 나타났다.[2] 어떤 교사들은 교과물의 유연한 이해를 통하여 학생들에게 지식증진의 기회를 제공하려고 노력하고 있다. 수학의 예를 들면, 유연한 이해교육을 함으로써, 질문이 의미하는 바에 대해 생각하도록 가르치면서, 다양한 해결책을 모색하도록 유도하고 있다.[3] 여러 연구에서 입증됐듯이, 과학은 암기위주 보다는 직접 하는 실습과 발견을 통해서 더 잘 학습할 수 있다.[4] 영어에서의 이해교육은, 단순히 문법규칙을 외우고 연습 문제를 푸는 것 보다는 문단의 전개과정을 강조하고, 문학적인 이해를 탐구하는 것을 의미한다.[5] 역사교육에 있어서는, 학생 자신들을 예비 역사학자가 되게 함으로써 이해가 한층 배가된다.[6] 이해를 위주로 한 이런 방법들이, 단순히 암기를 위주로 한 방법보다 월등히 효과적이어서, 사실상 모든 학생들이 암기하지 않고도 배울 수 있는데도, 주로 높은 수준의 학생들에게만 선별적으로 그리고 우선적으로 사용되고 있다.[7] 너무 많은 학생들이 더욱 친숙한 학습방식 즉, 단순한 암기식수업을 따름으로써 숨겨진 학습비용을 여전히 감내하고 있다.

이 문제와 관련하여, 아이들이든 어른이든 얼마나 자주 라디오에서 흘러나오는 노래의 가사를 의도적으로 배우려고 하는가? 그와는 반대로, 우리들은 단지 몇 번만 듣고 나서, 가끔씩은 그냥 따라 부를 수 있다. 암기할 필요도 없고, 아무런 어려움도 없으며, 그리고 평가에 대한 두려움도 없이, 학습은 이렇게 이루어진다. 더욱 중요한 사실은, 공부라는 것은 본래 우리에게 동기를 부여하며 재미있다는 것이다.

최근의 생물수업이 일주일 밖에 안 지났는데, 우리 몸 안에 있는 뼈 이름 몇 개나 맞출 수 있는가? 암기暗記는 정보를 장기적으로 유지하는 데에 부적합하며, 일반적으로 다른 사람에 의한 평가의 목적으로 수행되었다. 암기는 어렵고 전혀 재미가 없다. 물론, 어떤 사람들은, 그것이 주는 달콤한 보상 때문에 즐겨할 수는 있지만 말이다.

우리가 암기한 내용이 얼마나 쓸 모 없는지 알려면, 단지 지난 경험을 돌아보기만 하면 된다. 암기내용을 창조적으로 변형하거나, 아니면 우리가 처음 배웠을 때의 형태 그대로 사용할 때조차도 말이다. 우리는 경험상으로, 몇몇 개인을 제외하고는, 암기하는 것이 어렵다는 것을 알고 있다. 만약 어렵지 않다면, 더 많은 학생들이 시험에서 더 좋은 성적을 받았을 것이다. 학교 다닐 때, 우리들은 외우라는 지시를 받았기 때문에 교재 내용을 암기했다. 암기는 여러 가지 이유로 아직도 널리 퍼져있다: 선생들은 암기정도에 따라서 학생들의 학업 성취도를 평가하고; 사람들은 기초적인 어떤 것들을 다음 단계를 논의하기 전에 완전히 암기해야 한다고 믿고 있다; 세상의 모든 사람들이 다 인정하는 기초적인 진실이 존재한다는 생각이 사람들에게 안정감을 준다; 선생들은 자신이 배운 방식 그대로-암기를 통해서-학생들을 가르친다.

주어진 정보 가공하기

Keeping Information Available

　암기에 대한 대안들도 있다: 정보를 습득하기 위한 의식적인 방법으로, 이 방법은 학교에서 시험에 통과하기 위한 목적에 활용할 수도 있고, 미래에 창조적으로 활용할 수 있도록 정보를 유지하는 데에도 활용할 수 있다. 앞에서 기술했듯이, 암기란 개인적으로 관련이 없는 내용을 습득하는 한 가지 방법이다. 정보를 나에게 연관되도록 가공하면 암기할 필요성이 없어진다. 다음의 리스트에 있는 단어들을 읽어보고, 눈길을 다른 데로 돌려서 이들 중 어떤 단어가 기억나는지 알아보라: generous(관대한), helpful(도움이 되는), authoritative(권위적인), rigid(단호한), dependent(의지하는), serious(심각한), funny(우스운), tender(부드러운), weak(허약한), smart(똑똑한). 위치 때문에 쉽게 기억되는 리스트의 맨 앞 또는 맨 뒤에 있는 단어들을 제외하고, 우리가 별 생각 없이 기억할 수 있는 단어들은 우리 자기 이미지self-image를 상기시키는 단어들이다. 자기 자신에 대한 정보, 스스로 진정 소중히 여기는 자신의 일부분에 대한 정보들이 배우기에 가장 쉬운 것이다.[8] 예를 들면, 헤젤 마르커스Hazel Markus와 그의 동료들은, 성에 대한 고정관념을 자신의 자아상으로 확립시킨 사람들이, 이런 고정관념에 덜 의존적인 사람들보다 그 관념을 반영하는 단어들을 더 잘 기억할 수 있다는 사실을 알아냈다.[9] 비슷한 예로, 당신이 살을 빼려 노력하고 있는데, 기름기 많은 햄버거를 좋아한다고 하자. 만약 어떤 사람이 당신에게 그렇게 먹음직해 보이는 햄버거 한 개가, 성인의 하루 기초대사량에 해당하는 2000 칼로리의 열량을 갖고 있다고 말해 준다면, 당신은 그 숫자를 자신에게 반복적으로 되뇌지 않더라도 더 잘 기억할 확률이 높다. 심리학자들은 이 현상을 자기 참조self-reference 효과(자기와 관련된 현상의 정보가 잘 처리되는 것. 기억에 있어서도 개인적으로 관련 있고 중요한 의미를 지닌 경험은 잘 기억되며 비교적 오래 지속된다) 라고 부른다.

많은 심리학자들은 자기self를 다양한 속성 또는 개인에 관한 여러 종류의 정보를 포함하고 있는 복잡하고, 유기적인 구조물로 파악하고 있다.[10] 주위에 있는 정보 내용이 이러한 개인의 속성과 관련이 있다면 더 잘 기억될 것이다. 장거리 장애물 경마Steeplechase의 결과는 이 경기에 참가한 사람이나, 경주에서 자신의 역할을 꿈꾸는 사람들이 말에 관심이 없는 사람들보다 더 잘 기억할 수 있을 것이다.

교육에 있어서 연관성의 개념은 전혀 새로운 것이 아니며, 단지 어느 정도의 연관이 있어야 하는지에 대해 뜨거운 논쟁이 있어왔다. 교재내용을 학생들이 관심을 갖도록 하는데 있어 문제점은, 다양한 환경과 각각 흥미와 경험이 다른 많은 수의 학생들을, 한꺼번에 관심을 갖게 하는 것이 어렵다는 것이다.

교사가 어떤 사실이나 아이디어를 학생 개인들에게 중요하게끔 만드는 두 가지 방법이 있다. 가장 일반적인 방식은 공부할 주제와 대다수 학생들의 생활, 흥미, 그리고 호기심과의 연관성이 확연히 드러나도록 아이디어를 가공하고 해석하는 것이다. 교육비평가들이 말하는 주제의 연관성이란, 보통 이러한 연관성이다. 두 번째 방법은 주제(교육내용)에 대한 학생들의 태도를 바꾸는 것으로, 이 방법은 학생들로 하여금 주제를 자신에게 의미 있는 것으로 만들도록 가르치는 것이다.

두 번째 방법은 연기자들이 대사를 익히는 방식에서 잘 드러난다. 이들은 드라마 또는 영화의 주제가 무엇인지를 알기 위해 대본을 통독하고 나서, 이야기의 전개나 의미 파악에 전념한다. 자신의 대사를 익히기 전에, 자신의 대사가 더 큰 줄거리와 연관해서 어떤 의미가 있는지, 그리고 다른 등장인물들의 관점과 관련해서 어떤 의미가 있는지 고려하게 된다. 이때, 다른 인물이 어떤 연유로 그들 자신의 대사를 말하게 되는지 그 관련성을 알아차리게 된다.[11] 하지만, 설명은 여기서 끝난다. 왜냐면, 이 시점에서 배우들은 자신의 과제물을 암기하여야 한다. 결국에, 각 인물들의 대사는 바로 전에 있었던 인물의 대사에 의해 지시 신호를 받는 것이다. 극작가들 역시 자신이 실제로 쓴 대사를 듣기 원할 것이고, 감독은 다음에 벌어질 일에 대해 통제하기를 기대한다.

특징을 찾아내기

Drawing Distinction

　어떤 정보내용에 대해 새로운 것을 주시하는 일은 흥미 있다. 학생들이 특징적인 차이점을 끌어냈을 때, 이 차이점은 반드시 자신들에게 관련된 것이다. 특징적인 차이점이란 것은 정보의 내용이 특정한 상황에 위치해 있다는 것이고, 다른 상황도 고려할 수 있다는 의미를 내포한다.

　예를 들면, 스포츠 경기를 관람하는 법을 배우는 것을 걱정하는 사람은 거의 없겠지만, 대중스포츠에 있어서 경기와 관련이 없어 보이는 사소한 내용이, 인구통계나 심지어는 우리의 선입견에 대해 어떻게 우리를 유도하는지 생각해 보라. 한 관람객이 어느 특정 팀의 대다수 선수들이 금발이란 것을 알아차렸다고 가정하자. 그 사람은 아마 머리 색깔과 그 스포츠 경기 사이에 어떤 연관성이 있는 지에 대해 궁금해 할 것이다. 이 궁금증 때문에, 다른 스포츠에서는 어떤 색깔의 머리색이 선수들 사이에 주종을 이루는지 주목하게 될 것이다. 이렇게 사소해 보이는 특징적 차이점이 어떤 팀에서는 흑인이나, 아시아계 또는 백인이 없다는 사실을 알아차리게 해주며, 그런 선수들의 부재不在가 무엇을 의미하는지에 까지 생각이 미치게 한다. 좀 더 중요한 예로써, 학생들에게 남북전쟁이나 대공황 시기에 사람들의 모습을 찍은 사진을 검토하라고 요청했다고 하자. 관찰자들이 주시하는 인물들의 표정이나, 입고 있는 옷과 같은 세세한 사항들이, 그 시기에 대한 많은 인류학적인 정보를 제공하는 기초가 된다.

특징적 차이를 찾아냄으로써 사람들은 어떤 사회적 이슈나 주제에 대해 많은 새로운 측면을 보게 되고, 결과적으로 더 큰 흥미를 갖게 된다. 특징을 찾아내도록 학생을 가르치는 것은 의식적 학습을 할 수 있는 무대를 만들어 주는 것인데, 말하자면, 이 책의 서문에서 지적한 바와 같이, 새로운 범위를 만들고, 새로운 정보에 대해 열린 마음을 갖게 하며, 다른 관점들을 깨닫게 하는 무대를 만들어 주는 것이다. 그러므로 학생들은 계속 수정되고, 주위의 잠재적 현상들을 반영하는 실제적인 정의working definition를 창조하는 법을 배우게 된다. 이렇게 조건적으로 학습한 정보들은, 우리 마음의 최전면에 있지 않을 때라도, 언제든지 활용 가능하다.

컴퓨터 학에서도 이와 유사한 것이 있다. 가상 메모리가 있는 컴퓨터는, 원래의 메모리보다 더 큰 메모리를 갖고 있다는 환상을 만들어 내기 위하여 정보를 교환한다. 파일 교환swapping을 함으로써, 컴퓨터는 하드웨어가 허용하는 용량보다 훨씬 큰 메모리를 갖고 있는 것처럼 보일 수 있다. 컴퓨터는 실행중인 작업을 관리하여 가상 메모리를 실현한다 그리하여 어느 한 순간에 사용 중인 프로그램의 극히 일부분만이 실제 메모리에 관여하도록 하는 것이다. 컴퓨터는, 메모리를 사용하지 않으면서 더 많은 정보를 효과적으로 처리하기 위하여, 현재 작업 중이지만 순간적으로 사용하지 않는 기능에 접속 가능하도록(서랍 속에 있는 플로피 디스크에 있을 때 보다는 더욱 접속 가능하도록) 어플리케이션들 사이에서 스와핑을 하는 것이다.

최근에 매트 리버만Matt Lieberman과 나는 독서물reading selection학습에 대한 의식적인 태도의 효과에 대해 조사했다.[12] 우리는 9학년(중3) 학생들에게 고등학교 문학교과서에 나오는 두 개의 에세이 중 하나를 공부하도록 했다: 두 개의 에세이는 실비아 플래쓰Sylvia Plath의 "17세 소녀의 회고"와 오 헨리의 "붉은 도둑의 몸값"The Ransom of Red Chief이었다. 절반의 학생들에게는 단순히 과제물을 학습하라고 했는데, 우리는 이 지시가 학생들에게 암기하게 하는 결과를 가져올 것이라고 예상했다. 나머지 학생들에게는 과제물을 자신들에게 의미 있는 것으로 만들도록 다음과 같은 지시사항을 주었다: "① 이 에세이의 어떤 부분은 당신에게 과거, 현재 또는 미래의 경험을 어떻게 환기시키는 지에 대해 생각하게 할 수 도 있고, ② 이 정보가 당신 자신이나 다른 어떤 사람에게 어떻게 중요하게 작용할 수 있는지를 생각하고, ③ 아니면 단지 다른 사람이나, 또는 다른 사물과 관련하여 이 이야기가 갖는 중차대한 의미에 대해 생각하게 할 수 도 있다. 기억할 것은, 어느 한 사람에게 의미가 있는 것이 반드시 다른 사람에게도 꼭 그런 것은 아니다."

이 두 그룹 각각의 절반의 학생들에게 읽기가 끝나면 테스트를 할 것이라고 말해줬다. 우리 생각에, 암기하려는 경향이 너무나 강력하게 작용해서, 테스트를 할 것이라는 믿음 때문에 과제와 연관을 맺도록 지시받는 그룹조차도 과제를 암기하게 만들어, 결과적으로 이들이 과제에 전념하도록 했을 때보다도 학습 효과가 떨어지고, 재미도 덜 할 것이라고 생각했다.

20분 동안의 읽기가 끝나고, 모든 학생들이 테스트를 치렀다. 이야기에 나오는 많은 사실들을 상기하도록 했고, 이야기에 나오는 내용을 가지고 자신의 방식으로 창조적인 에세이를 쓰라고 했다.

숙제로, 학생들은 자신들이 처음 테스트에서 받은 지시사항 그대로 또 다른 이야기를 읽도록 과제를 받았다. 그들은 4일 후에 다시 테스트를 치렀다.

학생들이 쓴 에세이는 사전 지시사항에 대해 모르는 평가자가 심사했다. 전통적인 방식으로 과제를 학습하고 곧 시험이 있을 거라는 얘기를 들은 학생들이 모든 다른 그룹보다 성적이 더 나빴다. 이들은 더 적은 내용을 기억해 냈으며, 처음 테스트에서 두 번째로의 성적향상도 더 미진한 것으로 나타났다. 과제를 다른 상황과 연관 지어 학습하도록 지시받은 학생들은, 테스트가 있을 것이라고 기대했던 아니던 간에, 지능과 에세이의 창조성에서 많은 진전이 있었다.

실험 대상자의 절반에게 내용을 암기하지 말도록 권장을 했음에도, 그들이 반드시 우리 지시사항을 따르지는 않았다. 각각의 테스트가 끝난 다음에, 과제물 공부를 어떻게 했는지를 물어 보았다. 다른 상황과 연관 짓도록 지시받은 학생들 28명 가운데 12명이, 그럼에도 불구하고 학습하는데 암기방식만을 사용했다. 이 학생들과 착실히 지시사항을 따른 나머지 학생들을 비교 했을 때, 암기에 의존하지 않은 학생들이 모든 면에서 다른 아이들을 앞질렀다: 두 번에 걸친 독서에서 더 많은 정보를 기억해냈고; 이들의 에세이가 더 창조적이고 지성적이라고 평가 받았으며; 점수도 첫 번째 보다 두 번째 테스트에서 많이 개선되었다.

두 번째 실험에서 매트 리버만과 나는 10학년 학생들에게 이 방법을 테스트했다.(13) 학생들에게 고등학교 역사책에서 발췌한 내용으로, 상원의원 스티븐 더글러스Stephen Douglas가 제안한 '캔자스－네브라스카 조약' The Kannsas-Nebraska Act에 관한 한 단원을 과제물로 주었다. 이 이야기가 의미 있도록 하기 위해, 한 그룹의 학생들에게는 그들 자신의 관점만 아니라, 주요인물의 처지에서 조약내용을 읽도록 요구하면서, 만약 그의 처지이라면 무엇을 생각하고 무엇을 느낄 것이지, 그리고 그의 손자라면 어떨지를 생각하면서 읽으라고 했다. 그리고 대조그룹에게는 단순히 조약내용을 학습하라고만 얘기했다. 학습기간 마지막에 모든 학생들을 테스트했다. 일주일 후에 치러진 그 단원의 두 번째 시험에서, 우리는 모든 학생들을 깜짝 놀라게 했다.

다양한 관점에서 과제물을 읽은, 즉 의식적인 독서를 한 그룹이 관련정보의 기억, 성취도 증진, 에세이의 창조성, 에세이의 인지력 또는 통찰력을 포함한 모든 면에서 대조군보다 더 좋은 결과를 냈다. 물론 에세이는 외부 평가자가 평가했다.

암기하는 것이 학생들이 취하는 표준적인 접근방식이기 때문에, 오랜 세월이런 식으로 공부를 한 다음에, 많은 수의 학생들이 새로운 방식의 학습방법을 기꺼이 모색하려 한다는 것은 참으로 고무적인 일이다. 우리의 연구에서,

학생들이 과제물을 자신에게 의미 있는 것으로 하려고 했을 뿐 아니라, 다양한 관점을 사용하였으며, 그 결과, 상황에 따라 정보의 내용이 바뀔 수 있다는 '맥락 의존적 특성' context dependent nature of information을 이해하기에 이르렀다. 이런 식으로 정보에 접근함으로써 특징적 차이점을 더 잘 구분하게 되고, 더 잘 이해하게 된다. 정보들이 멋지고 번듯한 상자에 꽁꽁 묶여 있는 것이 아니기 때문에, 포장을 뜯고 그 안에 있는 내용물에 전념해야할 충분한 이유가 있는 것이다.

다른 연구에서, 클라우디아 뮬러 Claudia Mueller와 나는 기능적인 측면에서 조건적마음챙김 학습으로서의 기억력을 평가했다.[14] 우리는 9학년에서 10학년의 학생들에게 열 개의 모호한 그림을 보여 주었다. (예를 들면, 운동장에 던져진 공처럼 보일 수도 있고 막대기 중간쯤에 묶인 풍선으로 보이기도 하는 그림) 우리는 그림을 조건적으로 제시하거나 ("이 그림은 ……. 일 수도 있다") 또는 단정적인 언어로 제시했다. ("이 그림은 ……. 이다") 그리고는 그림을 기억하라고 얘기했다. 새로운 상황에서의 대상물에 대한 기억과 인지테스트에서 조건적인 학습이 더 잘 기억되는 것으로 밝혀졌다.

제넷 에크 Janet Eck는 그녀의 학위논문에서, 의사들을 대상으로 기억력의 효과를 테스트했다.[15] 의과대학에서 공부해야할 엄청난 정보량 때문에, 의대생들은 대부분의 우리들보다 많은 것을 암기해야한다. 그녀는, 의대생들이 나중에 약간은 새로운 상황에서 이미 습득한 정보를 사용하도록 요청을 받았을 때, 아마도 가능한 대안적 관점을 무시할 것이라는 가정을 세웠다. 그녀는 최근까지 여성에게는 일반적이지 않은 질병의 진단내용들을 검토했다.

대부분의 의학정보들이 체중이 67.5~76.5 킬로그램인 백인남성의 상태로부터 유추된 것이어서, 여성 환자의 관점에 친숙한 여자 의사들에 비해, 남자의사들이 여자보다 남자들에 더 흔한 질병을 잘 못 진단할 것인지에 대해 궁금해 했다. 남녀 환자들은 여자 혹은 남자들에 더 흔한 질병의 증상을 제시했다. 남녀 의사들에게 그들의 진단 결과를 요청했다. 놀랍게도, 예전에 암기하지 않았을 법한 특이한 증상들을 의사들은 별로 주의하지 않았고, 결과적으로 잘못 진단했다. 게다가, 일과성 뇌허혈발작이나 폐암을 앓았던 증상을 제시한 여자 환자들은, 여자 의사보다 남자 의사들에게서 더 많은 오진을 받았는데, 이유는, 여의사들에게 그 증상들은 그다지 특이한 현상이 아니기 때문이다.

단정적인 형태로 학습한 정보들도 암기할 수는 있다. 그렇게 암기한 내용은 상황이나 관점의 변화와 관계없이, 반복학습으로 우리의 기억 속에 계속 머물러 있다. 하지만, 우리가 유연한could be 학습을 한다면, 우리는 그것이 아닐 수도 있으며, 또는 다른 어떤 것일 수도 있다는 사실을 즉각적으로 이해한다. 건강이라든가, 비행기 조종법, 항공 교통관제, 또는 교량이나 건물의 안전수칙등과 같은 중요한 정보 등을 가르칠 때에는, 우리는 예외를 허용할 필요가 있으며 즉, 유연하게 사고할 수 있도록 가르칠 필요가 있다, 이 말은 우리가 정작 처음 배울 때 관련이 있을 법한 것으로 여겨지는 일반상황을 넘어서는 정보를 예외로 허용할 필요성이 있다는 것이다. 이런 정보를 배우는 학생들은 새로운 환경에서도 작동할 수 있도록 잠재적 요인들에 개방적이어야 한다. 우리가 단순히 알려진 과거만을 외운다면, 우리는 아직 미지의 것에 대한 대비를 하지 않는 것이다.

헨젤과 그레텔이 그들의 환경에 대해 좀 더 주의를 기울었다면-한 그루 나무가 옆의 나무와 어떻게 다른지, 그들이 밟고 서 있는 땅이 어떻게 풀과 나무가 뒤덮인 상태로 변화했는지, 기묘한 돌과 바위들이 어떻게 길에 흩어져 있는지 등등에 대해-그들은 아마도 쉽게 집을 찾을 수 있었을 것이다. 다른 많은 경우와 마찬가지로, 그들의 경우에도 외우는 것만으로는 불가능했다. 하지만, 주위 환경(숲속일 수 도 있고, 체스판 위일 수 도 있고, 또는 파티에서)을 유념해서 살피면, 우리는 여러 상황에서 성공적으로 항해할 수 있을 것이다.

chapter 05

망각에 대한 새로운 시선

A New Look at Forgetting

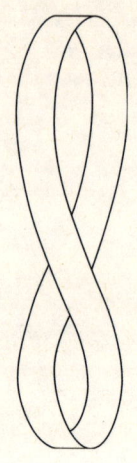

잊어버린다는 것은

잔디를 웃자라게 하는 것, 그리고

확실한 기쁨을 좇는 것, 그것은

다가올 불확실성

『시편』 루이스 로렌스 토레스

　특히 나이가 들어가면서, 알고 있던 많은 것을 잊어버리는 것에 대해 걱정을 한다. 우리가 알던 모든 것을 다 기억한다면, 우리의 삶은 어떻게 될까? 당신을 만날 때마다 당신의 모습이 어땠는지 과거의 생생한 모습을 기억해야만, 오늘의 당신을 알아볼 수 있을까? 당신이 나에게 말했던 약간은 비슷한 주제에 대해서 말해야만, 그리고 당신이 말한 모든 것을 기억해야만, 당신이 하는 말에 귀 기울이게 되는 걸까? 내가 지금 먹고 있는 음식의 맛을 알기위해, 예전의 맛이 어땠는지를 동시에 정확히 기억해야만 하는가? 파스타가 살

찌는 음식이라고 예전에 배운 것을 기억하지 못 하면, 지금은 건강식으로 여겨지는 파스타 먹는 것이 더 쉽지 않을까?(자책감도 덜하고) 지난 번 출산 때 고통의 순간이 생생하게 떠오른다면, 둘 째 아이 갖는 것을 생각이나 할 수 있겠는가?

어느 정도의 기억력은 생존에 꼭 필요하다. 우리는 뜨겁게 달궈진 난로에 손대길 꺼린다. 뉴잉글랜드의 겨울이 추웠다는 회상만으로 사람들은 기꺼이 따뜻한 코트를 살 것이다. 날씨가 영하로 내려갔을 때의 기분이 어땠는지, 당시의 풍속이 시간당 60마일이었다든지 하는 것을 기억할 필요는 없을 것이다. 나쁜 경험을 잊어버리는 것은 분명 유익하다.

좋은 일을 잊어버리는 것이 좋을 경우도 있을까? 즐거운 기억을 잊어야 다시 경험할 수 있다. 사람과 어울리는 것이 즐겁다는 일반적 생각 때문에, 우리는 다른 만남의 기회를 찾는다. 어떤 파티의 모든 경험들을 완벽하게 재생할 수 있다면, 다른 파티에 갈 필요가 없다는 것을 의미할 수도 있다. 얼핏 생각하면, 그것은 좋은 것처럼 보인다. 주위에 사람이 필요하지 않을 수도 있고, 사람을 만나기 위해 많은 노력을 경주할 필요도 없을 것이다. 왜냐면 단지 그 기억만 상기시키면 되기 때문이다. 하지만 이렇게 예전의 기억을 상기시키는 것은 우리가 젊은 시절에 누렸던 즐거움에 의존하는 것이 되고, 그래서 그 경험은 우리가 덜 성숙했을 때의 자신의 소견에 머무르게 된다. 어느 시점에서 우리는 그 경험을 동결해야 하는 걸까? 스무 살? 마흔? 아니면 예순? 더 어린 시절에 경험을 고정시킨다는 것은 그 경험이 덜 풍부하고 깊은

맛이 덜해지는 것은 아닐까? 소설이나, 풍경화 또는 일상대화에 대한 현재의 느낌은 분명 십대에 느꼈던 것과는 많이 다를 것이다. 새롭고 더 좋은 관점에서 삶을 지속적으로 재 경험하는 것이 진정으로 살아있다는 존재의 이유가 될 것이다.

현재에 머무르기

Staying in the Present

예전에 배운 것을 지우고 다르게 배우는 것보다 처음 배우는 것이 더 쉽다. 우리가 오늘 사실이라고 배우는 것이 때로는 훨씬 젊었을 때 배운 것과 상반되기도 한다. 만약 물질의 최소단위로 전자, 양자 중성자를 배우지 않았다면, 우리는 쿼크의 본성에 대해 더 잘 이해할 수 있을 것이다. 예전에 무의식적으로 암기한 정보에 대한 부담이 없다면, 새로 복잡한 것을 이해하는 것이 더 쉬울 것이다.

수학자들은 젊었을 때 최고의 업적을 이룬다고 한다. (수학계의 최고상인 '필즈메달' Fields Medal은 사십 세 이하의 젊은 수학자에게만 수여한다.) 그 이유는 너무 많은 지식에 의해 휘둘리지 않고, 차라리 잊어버리는 것이 더 좋을 수 있는 고정관념에 의해 좌우되지 않기 때문인가?

이티엘 드로Itiel Dror와 나는 창조적인 일을 수행하는데 있어, 지식이 어떤 영향을 끼치는 지 알아보기 위해 세 가지 실험을 했다.[1] 어떤 문제에 대한 약간의 지식이 독창적 사고를 끌어내는 능력을 제한하는 효과가 있는 지에 대해 탐색했다. 이 전의 연구결과는 어떤 종류의 사전지식이 창의성을 제한하는 것으로 알려졌다.[2] 이 연구는 창의성, 그 자체 만에 대해서 연구했는데, 다시 말하면, 창의성을 목적 그 자체로 보고 탐구했다. 우리는 추구하는 목표를 달성하기 위한 수단으로써의 독창성을 평가했는데, 즉, 창출한 아이디어의 적합성과 실리적인 가치를 고찰했다.

각각의 실험에서, 참가자인 대학원생들에게 주문제작한 작은 나무블록으로 상상의 강江위에 다리를 만들어 보라고 했다. 다리의 높이가 그 밑을 지나는 배의 크기를 결정하므로, 높으면 높을수록 좋다고 말해 주었다. 절반의 참석자에게는 다른 빌딩 작업(가능한 가장 긴 다리를 만들거나, 타워를 쌓는 방법)에서 블록을 이용하는 몇 가지 방법을 간단히 보여 주었다. 첫 번째 실험에서 블록 사용 예를 본 그룹의 92%가 그들이 본 것과 동일한 형태로 블록을 사용했으며, 반면 사용 예를 보지 못한 그룹에서는 8%만이 그런 형태로 블록을 사용했다. 준비된 그룹 사전에 사용 예를 숙지한 은 두 가지의 해결책을 제시했는데, 준비되지 않은 그룹은 10개의 해결책을 내놓았다. 이어진 두 개의 실험에서도 결과는 마찬가지였다. 실험 전에 우리의 가설은, 사용 예를 본 그룹이 그것을 잊어버리는 것이 어려우리라는 것이었는데, 이 가설은 입증되었다.

사회 심리학에 '수면자 효과' Sleeper Effect라는 잘 알려진 현상이 있다. 믿을 만하거나 그렇지 못한 정보원으로부터 설득력 있는 주장을 듣고 나서, 사람들의 태도가 그 주장에 의해 영향을 받는지를 알아보기 위해 테스트를 한다. 처음에는, 정보원의 신빙성이 문제가 되는 것 같다. 만약 메시지의 전달자가 우리가 존경하는 사람이라면, 믿을만한 가치가 없다고 여겨지는 경우보다 영향을 끼칠 가능성이 더 많다. 하지만 흥미 있는 사실은, 시간이 지날수록 전달자의 신빙성은 문제가 되지 않는 것으로 나타났다. 사람들은 그 정보를 어디에서 누구로부터 들었는지에 대해서는 잊어버리고, 설득력 있는 메시지의 일반적인 내용만을 받아들인다. 이 효과 때문에, 어떤 광고도 그 효과 면에서는 좋은 광고일 수 있다는 믿음을 지지하는 것 같다.

사회심리학과 관련된 연구에서, 사람들이 시간이 지날수록 상황적인 판단이 아니라 심정적인 판단을 내리는 것으로 나타났다.[3] 어떤 사건에 대해 설명할 때, 사람들은 어떤 행동이 일어난 바로 직 후에(나중에 설명하려 할 때 보다) 상황의 몇 가지 관점에 대해 더 잘 고려하는 것 같다. 시간이 지남에 따라 세부적인 상황은 잊어버리고, 두루뭉술한 설명이 되는 것이다. 예를 들면, "날씨 때문에, 그는 늦었다."라는 문장이 나중에는 "그는 부주의한 사람이다."라는 속성의 귀결로 대체될 수 있다.

사람들이 세부적인 전후사정을 잊어버리면, 때때로 그 사건에 들어맞는 그럴듯한 자신 만의 해석방법을 고안해 내는 것 같다. 귀납적으로 유추해서, 자신이 기억하는 일반적인 인상에 맞춰서 가능한 시나리오를 재구성한다. 기본적 상황보다는 구체적인 전후사정을 특히 잘 기억하지 못 하는 경향이 있다.[4]

맹목적 암기의 위험

Danger of Mindless Memory

우리는 두 가지 방식으로 정보를 기억한다: 의식적인mindful 방법과 기계적mindless 방법. 앞서 기술한 바와 같이, 의식적 학습을 함으로써 상황에 민감하게 반응하고, 현재를 주시하게 됨을 알았다. 의식적으로 학습을 하면, 각각의 정보들이 다양한 상황에 따라 다르게 나타나는 방식을 알아차릴 수 있다. 기억의 이런 특성이 우리의 현재 행동을 이끌어 주고, 미묘한 변화를 감지하게 한다. 하지만 우리가 무조건적으로 정보를 받아들이거나, 과잉학습 또는 암기에 의존해서 부주의하게 학습했다면, 그런 정보들에 얽매이지 않도록 이런 상황이 전제되지 않은 사실들을 잊어버리는 것이 더 좋을 것이다.

수업 전에 나는 강의 노트를 거의 준비하지 않거나 전혀 만들지 않는다. 수업 중에 하려고 계획한 말들을 전부 적어 놓으면, 실제 수업할 때는 과거의 생각에 의존하게 될까봐 두렵다. 대사가 없으면, 단순히 캔에 들어있는 내용물만 전달하는 식이 아닌, 강의내용을 다시 창조하도록 요구받는다. 나는 강의해야할 전반적인 요점만 기억하고, 세부 사항은 다시 생각해내야 한다. 이런 식으로 강의하면, 현재의 내 생각과 상황을 반영하는 강의를 할 가능성이 훨씬 높다: 또한 융통성 없는 요약에 얽매이거나 노트 내용만을 읽어 내리는 단순한 수업에서 벗어날 수 있다. 더욱 중요한 것은 수업 중 새로운 통찰력이 생겨날 가능성 때문에 내 자신 흥분되는 것을 느낀다.

우리의 기억이 정보를 재구성하는 적극적인 과정이 될 때, 즉 일반적인 개념은 있지만 세부사항은 찾아야 하는, 특히 명탐정 셜록 홈즈가 했던 식으로 알아야 할 것들을 머릿속에 하나하나 떠올릴 때, 우리는 성취감을 느낀다. 하지만 건설적인 과정 없이 소극적으로 어떤 것을 기억할 때, 말하자면, 우리가 예전에 정보를 입력했던 똑 같은 형태 그대로 정보를 상기시킬 때, 성취감을 느낄 이유는 별로 없을 것이다. 어떤 일을 현재 수행하는 것이 과거에 했다는 것보다 훨씬 만족스럽다. 전날 밤 외운 것을 그대로 선생님에게 되뇌어 보임으로써 시험에서 좋은 성적을 받는 것도, 기대한 성과가 있다면, 그런대로 보람 있는 일이다. 하지만, 현재 시점에서 어떤 문제점을 생각해 내는 것보다 가치 있는 일은 아닐 것이다.

기억된 사실이 진실인 것처럼 여겨지기도 한다. 하지만, 그 진실은 상황에 따라서 그리고 시간이 지남에 따라 변하기도 한다. 잊어버림으로써 더 좋은 해결책에 이르기도 하는데, 왜냐면 새로운 해결책은 더 많은 경험에 기초하고 있으며, 현재의 상황을 고려하기 때문이다.

건망증인지, 딴 생각 하는 건지

Absentminded Versus Otherminded

우리들은 잊고 있던 어떤 것을 기억하기를 원하는 바로 그 시점에 가서야, 무언가 잊고 있었다는 사실을 알아차린다. 잊고 있는 것이 그 시점까지 우리에게 도움이 된 것은 아닐까? 뭔가 중요한 일을 생각하면서, 또는 개인적인 딜레마에 대한 해결책을 생각하면서 집 안으로 걸어 들어오는 상황을 생각해보자. 이런저런 생각대신 키를 어디에 두었는지에 대해서만 골똘히 생각하는 것이 시간을 더 잘 보내고 있는 걸까? 우리가 키를 찾지 못하는 것은 키를 간수하는 그 순간에 더 중요한 일에 대해서 생각하고 있었기 때문일 것이다. 그런 경우가 아니라면 우리는 왜 주위에 있는 천재들의 건망증absent-mindedness에 그토록 관대한 것인가? 우리는 그들의 건망증이 다른 일에 집중함으로서 비롯된 것이라고 확신한다. 왜 이런 건망증이 우리들 보통 사람들에게 나타나면 안 되는 것인가?

천재든 아니든, 필요한 어떤 것을 잊어 버렸다고 알아차리기만 하면, 우리의 사고는 현재로 지향하게 되고, 알아야 할 것을 재조명하거나 재발견하게 된다. 이런 견지에서, 잊어버리는 것이 의식적 상태를 촉발한다. 외우는 것은 우리를 과거에 가두어 두지만, 잊어버림으로써 우리는 현재에 집중하게 된다.

대체로, 우리가 의식적으로 학습을 한 경우, 그것의 기억에 대해 걱정할 필요가 없다. 필요한 정보는 우리가 필요할 때 바로 거기에 있다. 내 친구가 자신의 어머니와 나눈 대화를 들려주었다. 내 친구는 자신의 친구인 '수잔'의 성姓이 생각나지 않아, 어머니에게 수잔의 성이 무엇이냐고 물었다. 어머니의 "수잔, 누구?" Susan, who? 라는 질문에, 확연히 깨달았다. 친구는 대답했다. "수잔 골드만이에요."

기억력은 줄어드는 것일까?

Does Memory Decline?

잇어버린다는 부정적 견해에 고통 받고 있는 거의 모든 사람들은 노인들이다. 대부분의 미국인들은 나이가 들면 기억력이 필연적으로 줄어질 것이라고 믿고 있다.[5] 우리는 어렸을 때 이 고정관념을 습득하게 되는데, 세대에서 세대로 이어지면서, 때로는 바람직하지 못한 결과를 수반하기도 한다. 맹목적으로 기억된 정보들은 잊어버리는 것이 더 좋을 수 도 있다. 빈약한 기억력에 대한 것이든 부정적인 기대감에 대한 것이든 간에, 실패에 대한 고정된 사고방식이 우리의 사고를 불필요하게 제한할 수 있다.

노인들의 기억력에 관해 조사한 사람들은 기억력의 감퇴가 필연적이라는 생각에 동의하지 않는다. 어떤 사람들은 노화에 따르는 인식능력의 저하가 우리 신경조직 안에 내장되어 있어서, 생물학적으로 이미 결정돼 있다고 주장하기도 한다. 또 어떤 사람들은 기억력이 저하될 것이라고 기대함으로써 실제로 그렇게 되는 것이므로, 기대감에 변화를 주기만 하면 기억력 저하의 많은 요소들이 줄어들 것이라고 주장하기도 한다. 기억력 저하가 필연적이라고 생각하는 사람들은 기억력 저하의 추세를 기록하기 위해 연구해 왔다.[6] 다른 한 편에선, 기억력 감소가 '자기충족적 기대'self-fulfilling expectation(자기충족적 예언self-fulfilling prophesy)라고도 하며, 자신이 말하고 믿는 바대로 일의 이루어지는 경향) 의 결과라고 믿는 사람들이 있는데 — 나도 그 중 하나지만……, 그들은 환경요인의 변화가 노인들의 기억기능을 증진시키는 지에 대해 연구했다.[7] 후술後述한 자기실현적 기대를 믿는 사람들 연구결과는, 지속적인 기억력 감퇴가 노화의 생물학적 과정에 따른 필연적인 것이 아니라는 사실을 제시하기는 하지만, 아직까지 학계에 지배적인 의견이 되지는 못하고 있다.

기억력 감퇴에 대한 예상은 노화에 관한 더 일반적인 예상의 일부분일 수 있다. 노인들의 평가를 조사한 연구의 한 메타분석(동일하거나 유사한 연구주제로 실시된 많은 통계적 연구를 다시 통계적으로 통합하고 종합하는 문헌 연구의 한 방법)은 미국인들이 노화에 대해 부정적인 견해를 갖고 있다고 확인했다.[8] 이 조사에서, 노화에 대한 판에 박힌 부정적 표현들이 증가하는 경향을 보였는데, 이는 연구조사자들이 노인들의 보편적인 개인적 성향에 대해서는 언급하지 않고, 노인들의 육체적 호감도 또는 건망증과 같은 부정적인 정신적 능력에 대해서만 평가해 달라고 실험참가자들에게 요청함으로써 이런 경향을 조장했기 때문이다.

찰스 퍼듀Charles Perdue와 마이클 거트만Michael Gurtman이 위와 같은 결과를 확인하는 연구를 수행했는데, 이런 견해들이 아마도 의식의 바탕에서 많은 미국인들의 사고思考에 영향을 끼쳤다는 것을 입증했다.[9] 사람의 특질traits을 나타내는 단어들이 컴퓨터 스크린에 뜨기 전에, 실험참가자들에게 빠르게 깜빡이는(예를 들어, 잠재의식에서) "늙은" 또는 "젊은"이란 단어를 미리 스크린에 흘려보냈다. 스크린 상에 뜬 사람들의 특질을 나타내는 단어를 읽은 후에, 참가자들에게 그 단어가 긍정적인 것인지 부정적인지 지적하도록 했다. 그리고 모든 참석자에게 부정적 특질과 긍정적 특질이 적힌 리스트를 나눠 주었는데, 그 리스트에는, ① "이 특질의 단어가 젊은 사람을 묘사한다고 생각합니까?" 아니면 ② "이 특질의 단어가 늙은 사람을 묘사한다고 생각합니까?"라는 두 가지 질문이 있었으며, 두 가지 각각의 질문과 특질 이름이 무작위로 짝 지워져 있었다. 참가자들은 위의 ①의 질문과 짝 지워진 특질의 이름을 긍정적인 것으로, ②의 질문과 짝 지워진 특질들을 부정적인 것으로 상기하는 경향이 훨씬 두드러졌다. 더욱 중요한 것은, 잠재의식에 호소하는 '젊은'이란 플래시에 노출된 참가자들이 특질의 긍정적인 면에 대해서 훨씬 빨리 결정을 내렸으며, '늙은'에 노출된 참가자들은 부정적인 판단에 훨씬 빠르게 반응했다.

노화에 대한 부정적인 선입견이, 나이가 들어감에 따라 우리의 사고에 영향을 주는 원리는 '조기 인지적 몰입'(premature cognitive commitment; 심리학 용어로 아주 어린 시절에 노출된 환경에 의해 성장해서도 그 환경의 영향을 받는 현상)이라고 부르는 효과와 관련지어 이해할 수 있다.[10] 이것은 정보가 취할 수 있는 대안적 해결책은 고려하지도, 알려고 하지도 않은 채 무조건적으로 수용하려는 사고방식이다. 앞에서 언급했듯이, 정보내용을 무조건적으로 처리해 버리면 현재 수용하고 있는 새로운 사실들은 재고再考의 대상으로 떠오르지 않는다.

무조건적인 정보의 수용은, 처음에 자신과 관계가 없어 보이는 정보와 관련해 자주 발생하는데, 우리가 어린 시절에 노인에 대해 갖게 되는 선입견도 이와 같다. 한 어린 아이가, 건망증이 심하고 꼬장꼬장한 노인에 대한 얘기를 누군가로부터 들었을 것이고, 이때의 이미지가 이 아이가 커가면서 노인에 대해 알게 되는 모든 것의 기초가 된다.(11)

노인과 손자

옛날에 눈멀고, 귀 먹고 손도 떠는 한 노인이 있었다. 식탁에 앉으면 스푼도 거의 잡을 수 없는 지경이었지만, 노인은 이야기하기를 좋아했고, 저녁 한 끼를 마치려면 몇 시간이고 앉아 있어야 했다. 노인의 아들과 며느리는 인내심에 한계가 왔고 마침내 노인을 난로 뒤쪽에 있는 구석에 혼자 앉도록 했다. 그들은 노인의 음식을 흙으로 구운 도기접시에 내왔다. 노인은 식탁을 향해 슬픈 표정으로 바라보곤 했는데, 두 눈엔 눈물이 그득했다. 어느 날 노인은 손을 떨다가 접시를 놓쳤는데, 접시는 바닥에 떨어져 산산조각이 났다. 며느리가 다가와 심하게 꾸짖었고, 노인은 아무 말 없이 한숨만 내쉬었다. 며느리는 몇 푼을 주고 나무 접시를 사왔고, 그 후로는 나무접시에 식사를 했다. 어느 날 아들과 며느리가 자리에 앉아 있는데, 노인의 네 살 박이 손자가 마루에 앉아서 나무 조각 몇 개를 가지고 놀고 있었다.

"애야, 뭘 하고 있니?"

라고 아빠가 물었다. 아이가 대답하길,

"내가 어른이 됐을 때 엄마, 아빠가 사용할 나무그릇을 만들고 있어요."

남편과 아내는 한참동안 서로를 쳐다보다가 갑자기 울음을 터뜨렸다. 그 후 그들은 노인을 예전의 식탁으로 옮겼다. 그 후로 노인은 아들과 며느리와 손자와 함께 식사를 하게 됐고, 즐겁게 얘기하면서 잘 살았다.

그림 형제의 동화에서 편집

이 동화에서 아빠와 엄마는 그들의 방식을 변경할 기회를 얻었고 그들의 아들은 생각이 바뀔 수 있다는 것을 알게 됐다. 하지만, 대체로 이런 태도는 수정되지 않은 채 그대로 진행된다.

기억과 노화에 대한 대안적인 견해

Alternative Views of Memory and Aging

베카 레비Becca Levy와 나는 대부분의 미국과 다르게, 노화에 대한 부정적인 견해가 일반적이지 않은 것으로 생각되는 두 문화권文化圈에서 기억력과 노화에 대해 어떤 견해를 갖고 있는지에 대해 연구했다.[12] 이 문화권이 미국의 주류문화와는 별개의 문화권이고, 노인에 대한 존경심을 유지하고 있다는 우리의 관찰결과 때문에, 우리는 중국과, 미국의 농아聾啞사회를 관찰 대상으로 삼았다.[13]

우리의 가설은, 만약 부정적인 견해가 노인들의 기억력 감퇴에 영향을 끼치고, 우리가 선택한 그룹이 청각장애가 없는 미국인들보다 노화에 대해 더 긍정적인 견해를 갖고 있다면, 농아 사회와 중국 사람들은 나이가 들어서도 기억력이 그다지 줄지 않으리라는 것이었다.

노화에 대한 긍정적인 견해와 미국 주류문화와 동떨어져 있다는 것 말고는 공통점이 없는 두 문화권을 선택함으로써, 심리학에서 말하는 소위 '출생동시집단 효과'(cohort effect; 어떤 사회 현상에 대해 공통의 특징적 현상을 보이는 동년배 그룹, 일례로 60년대의 히피)의 가능성을 줄이려고 노력했다. 서로 다른 경험을 한 동일한 연령대의 구성원들이 이들 두 문화권에 속한 노인들의 증강된 기억력을 설명해 줄 가능성이 있다. 다른 말로 하자면, 우리가 만약 동일한 미국 문화집단(청각장애가 없는 미국인 집단과 미국 농아사회)만을 대상으로 하고 예상한 반응을 발견했다면, 이것이 노화에 대한 서로 다른 문화적 선입견의 결과인지 아니면 다른 혼란스런 요인의 결과인지를 알 수 없었을 것이다. 예를 들어 연구에 의하면, 사회적으로 금기禁忌시 되는 신분의 구성원들은 인지적 대처 기술cognitive coping skills을 발달시킨다고 하는데, 그렇다면 노년의 농아 연령층 구성원들은 아마도 자신들의 기억술을 보존하고 있었을 것이다. 왜냐면, 그들이 자랄 때는 젊은 층의 농아들이 자랄 때보다 농아에 대한 편견이 더 심했기 때문이다.(14) 다행히, 중국의 두 연령층의 실험대상자들은 그런 사회적 제약이 없다. 다양한 문화를 연구대상으로 한다고 해서 모든 가능한 출생동시집단 효과를 제거할 수는 없지만, 그 가능성을 줄일 수 있었다.

중국의 가청可聽집단과 미국의 농아사회는 우리의 연구사양에 딱 들어맞았다. 두 문화권은, 언어, 음식, 역사, 생김새, 가족 전통과 사회인구학적인 면에서 서로 다르긴 했지만, 두 문화권 모두 세대 간 교류를 지향하고 있으며, 노인을 공경하는 전통을 공유하고 있다. 샌프란시스코에 살고 있는 농아 노인들에 대한 인류학적 연구에서, 전 연령의 성인 농아들이 일주일에 수차례

모임을 갖는 농아클럽을 포함한, 다양한 사회활동으로 서로 잘 알고 있으며, 상호 교류하고 있다는 사실을 발견했다.[15] 비슷한 현상이 동부 해안 농아클럽에서도 발견되었다.[16] 농아사회의 젊은 구성원들은 나이든 성인농아들을 자신의 롤 모델로, 그리고 현명한 리더로 자주 공경한다.[17]

중국도 노인을 존경하는 오래된 전통을 유지하고 있다. 1949년 이전 2000년 동안, 조상 숭배, 효를 근간으로 하는 유교사상과 노인에 대한 존경심이 사회를 지배해 왔으며, 정부의 지지를 받아왔다.[18] 1949년에 중국 공산당이 집권했을 때, 공식적인 태도에 일시적으로 변화가 있었다. 공산당 지도자들이 유교사상, 종교의식과 조상숭배를 전면 금지시켰는데, 이는 이들 의식儀式이 정부와 당의 권력 확장에 위협이 된다는 생각에서였다.[19]

이러한 정책의 변화가 중국에서의 노인들의 지위와 노화에 대한 긍정적인 기대에 해를 입혔으리라 예상하는 사람들도 있을 수 있지만, 중국 사람들은 여전히 지난 역사를 자랑으로 여기고 있다.[20] 물론, 최초의 공산지도자들은 노인들의 지위가 강력하게 유지될 것이라고 예상하지는 않았지만, "공산주의 혁명은 노인들에 대한 전통적인 생각을 약화시키기보다는 오히려 강화시켰다."[21]

미국에서는, 농아들이 어릴 때부터 일반 대중생활의 근간이 되는 대화에 개입할 수가 없는데, 이는 부분적으로 90%의 농아들이 수화로 의사소통할 수 없는 가청자 부모들에게서 태어나기 때문이다.[22] 농아들은 라디오도 들을 수 없는데, 최근의 과학적 진보가 있기 전까지, 텔레비전이나 영화의 대화나 방송내용도 거의 알아들을 수 없었다. 농아들이 이런 커뮤니케이션에서

소외됨으로써 한 가지 좋은 점은 아마도 노화에 대한 부정적 선입견에 적게 노출되었다는 사실이다.

세 문화권(중국, 미국 농아사회, 가청 미국인)에서, 우리는 세 가지 가설에 대해 평가했다: ① 중국인과 청각장애 미국인들이 주류 가청 미국인 사회보다 노화에 대해 더욱 긍정적인 견해를 갖고 있다. ② 각 문화권의 젊은 대상자들은 기억력 테스트에서 비슷한 결과를 내는 반면, 중국의 노인층과 미국 농아참가자들이 미국의 주류 가청 노인층에 비해 좋은 결과를 낼 것이다. ③ 노화에 대한 긍정적인 견해와 노인 대상자에게서 나타난 좋은 기억력 사이에 상관관계가 있을 것이다.

우리는 각각의 문화권으로부터 30명의 참가자들을 뽑았다. 각 그룹의 참가자 절반은 젊은 성인들로 구성했고(15세에서 30세; 중간 나이=22세), 나머지 절반은 나이 많은 성인(59세에서 91세; 중간 나이=70세)들로 구성했다. 우리는 59세를 나이 많은 그룹의 시작 연령으로 선택했는데, 왜냐면, 중국에서, 대부분의 여자들이 이 나이에 은퇴하고, 대부분의 남자들은 60세에 은퇴하기 때문이다[23]; 게다가, 청각장애 사회에서는, 59세가 노인을 위한 사회적 행사에 참가하기 시작하는 나이이기 때문이다.[24] 우리는 세 문화권의 대상자들을 교육 기간, 사회경제적인 지위와 연령별로 대등하게 짝을 지었다.

미국에서는, 모든 참가자들을 보스턴 지역에서 모집했다. 15명의 젊은 가청인은 청년연합회에서, 노년층 15명은 노인 상담센터에서 모집했다. 젊은 15명의 농아 대상자들은 농아 문화원Deaf Cultural Organization에서, 그리고 농아 노인들은 노인 상담센터에서 모집했다. 중국에서는, 베이징의 서부지역에 위치한 한 연필 공장에서 30명의 대상자를 모집했다. 15명의 젊은 대상자들은 당시 연필공장에 근무하고 있었고, 노인 15명은 연금을 수령하기 위해 한 달에 한 번 공장을 방문하는 노인을 대상으로 했다.

기억력 테스트를 위해서, 참가자들에게 노인을 찍은 사진들을 보여주면서, 언젠가 만나게 될 것이라고 말해 주었다. 가청그룹에게는, 각 사진을 5초간 보여주고, 사진 속의 인물이 하고 있는 동작을 읽어 주었다.(예를 들면, 매일 같이 수영을 한다.) 그리고 나서 사진을 다시 한 번 보게 했다. 청각장애 그룹에게는, 사진 속 인물의 동작을 수화로 알려 주었다. 중국의 대상자에게는, 사진의 인물은 중국노인들이었다. 모든 대상자들에게 사진을 보게 하였고 인물과 관련된 동작을 적어내라고 했다.

세 그룹의 젊은 대상자들은, 우리의 예상대로, 기억력 테스트에서 비슷한 결과가 나왔다. 노년층 농아들과 노년층 중국인 참가자들은 노년층 미국인 가청 그룹보다 현저하게 좋은 결과를 냈다. 두 가지 연령대의 중국인들 사이에서는 기억력 수행에서 차이가 없었다.

세 문화권의 노화에 대한 견해를 평가하기 위해서, "노인을 생각할 때 마음속에 떠오르는 최초의 다섯 단어가 무엇인지, 또는 다섯 가지 표현이 무엇인가?"라는 주관식질문에 답하도록 했다. 참가자들의 긍정적 견해에 대해 평가를 했는데, 평가자는 대상자의 문화적 배경과 나이에 대해서 모르는 상태였다. 이러한 견해들이 세 그룹의 수행결과와 상호관련성이 있음을 발견했는데, 말하자면, 부정적인 견해가 노인들 그룹의 저조한 수행결과와 연관성이 있었다. 이 결과는, 노화에 대한 문화적 관념이 늙어서 경험하게 되는 기억력

저하의 정도를 결정하는데 일정 역할을 한다는 견해를 뒷받침해 준다.

우리 자신에 대해 갖고 있는 융통성 없는 고정관념이 우리가 과업수행을 하는데 영향을 미친다. 현재 관심사와 전혀 무관한 시점임에도 불구하고, 노화에 대한 우리의 믿음과 같은 이런 고정관념을 우리는 부지불식간에 받아들인다. 학교에 별 관심이 없는 아이들은 자신의 학업능력에 대한 부정적인 평가를 받아들일 수도 있다. 나중에, 이들이 중요한 어떤 특정 능력에 관심을 기울이게 되었을 때, 이런 부정적인 평가가 마음속에 이미 심어져 있는 것이다. 이 시점에서 피해는 명약관화하다. 고정관념은 사전테스트를 거치지 않는다; 반드시 사실인 것처럼 취급된다. 이것이 아마, 우리가 나이 들어감에 따라, 소위 말하는 필연적인 기억력 감퇴를 기정사실로 받아들이는 방식일 것이다. 자신이, 기억력이 나쁘다든지 또는 열등한 학생이라고 믿게 된다면, 이런 고정관념이 '자기충족적 예언' self-fulfilling prophecies(앞 페이지의 '자기충족적 기대' 참조)이 될 수 있는 것이다.

노인들의 정신적인 능력에 대한 부정적인 추정들이 성인들을 위한 많은 교육과정에 들어 있음을 볼 수 있다. 나이 들어서 배우는 것이 대학 때 배우는 것과 달라야 한다고 믿을 이유가 없음에도 불구하고, 나이든 성인을 겨냥한 교육프로그램들은 훨씬 좁은 주제들로 가득 차 있다. 이런 프로그램은 은퇴나 건강에 대한 이슈 또는 음악이나 미술의 입문서 같은 가벼운 과정만을 특정적으로 다루고 있다. 대학과정에 있는 젊은 사람들은, 나이든 성인들이 주위에 없기 때문에, 경험적인 측면에서 자신들 몫의 일정부분을 손해보고 있는지도 모른다. 노인들은 이미 경험을 했기 때문에, 자신이 받아들이는 새로운 사실들이 다른 상황에서보다 어떤 특정상황에서 더 진실에 가깝다는 것을 우리들에게 알려줄 가능성이 많다. 다양성이 마음챙김 상태를 유발한다. 그들의 폭 넓고 다양한 경험 덕택에, 자칫하면 무관한 것으로 보일 수 있는 어떤 정보들이 의미 있는 것으로 밝혀지기도 한다. 노인들에게 실시하는 교육은 낭비가 아닐 뿐 아니라, 그들의 참여가 없다면, 젊은이에게 하는 교육이 낭비일 수도 있다.

chapter 06

마음챙김 사고와 지능
Mindfulness and Intelligence

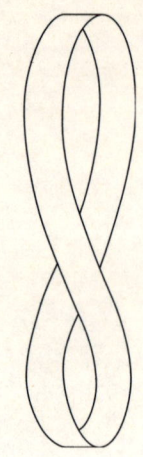

중국 북쪽 변방에 앞일을 잘 헤아리는 노인이 살았다. 어느 날, 그의 말 한 마리가 아무 이유 없이 국경을 넘어 유목민 마을로 도망갔다. 마을 사람들이 몰려와 그를 위로 했으나 그는 태연히 말하길,

"이 일이 기쁜 일이 아닌 줄 어찌 알겠소?"

이 일이 있은 지 몇 달 후에, 그의 도망친 말이 멋진 유목민의 종마 한 마리를 데리고 돌아왔다. 사람들이 찾아와 축하해 주었으나, 노인은 담담히,

"이 일이 재난이 아닌지 어찌 알겠소?"

그의 집안은 멋진 말로 인해 나날이 부유해졌고, 말 타기를 즐겨하던 그의 아들이 하루는 말을 타다가 낙마해 엉치뼈를 다쳤다. 마을 사람들이 다시 위로하자, 노인은,

"이 일이 축복받을 일이 아닌지 어찌 아는가?" 라고 말했다.

일 년 후에, 북쪽의 유목민 군대가 쳐들어와서 사지가 멀쩡한 마을 남자들은 활을 메고 전쟁에 나가야만 했다. 전쟁에 나간 열 명 중 아홉 명이 전사했

다. 아들이 말 타다 절름발이가 되었기 때문에 노인과 아들이 살아남아 서로를 돌보아 줄 수 있었다. 진실로, 축복이 재난으로 바뀌고, 재난이 축복으로 변하는 것이다: 이 변화는 끝이 없다; 이 미스터리는 그 끝을 알 수 없다.

『새옹지마(塞翁之馬)』 중국 속담

'지능'에 대한 개념은 어떤 신화적인 믿음, ─지능적이란 말은 외부에 무엇이 존재하는지what is out there를 아는 것을 의미한다는 믿음─에 의해 실상이 가려질 수가 있다. 지능에 대한 많은 이론들은, 외부세계에 절대적인 현실이 존재한다고 가정하는데, 그래서 사람이 지능적이면 지능적일수록, 그만큼 그 현실을 더 잘 알 수 있다고 가정한다. 이런 견지에서, 훌륭한 지능이란 개인과 주위 환경사이의 최적의 부합 상태optimum fit를 의미한다. 마음챙김 연구에 기초한 대안적인 견해는, 개인들은 항상 환경에 대한 자신과의 관계를 정의함으로써, 궁극적으로 외부에 존재하는 현실을 창조하는 것이다. 외부에 존재하는 것은 우리가 어떻게 보느냐에 따라 형태를 갖추게 된다.

현재의 지능에 대한 이론이 몇 가지 종류의 지능에 중점을 두고 있지만, 많던 적던 여전히 어느 정도 다양한 지능에 의해 표출된 절대적이며 외부적인 현실이 존재한다고 가정하고 있다. 이런 가정은 학구적인 관심 이상의 것이어서, 어쩌면 자신이나 타인에 대한 인식, 개인적 통제와 교육과정 자체에 나쁜 영향을 끼칠 수 있다.

이번 6장에서 보듯이, 개인의 인식작용이 환경에 상응相應해야 한다는 믿음, 그리고 환경과의 상응 정도가 지능의 척도라는 믿음은 19세기의 대응이

론: theory of correspondence에서 유래되었지만 오늘날에도 여전히 영향을 미친다. 인식능력과 환경 사이의 대응설은 다양한 지능의 개념들에서 발견되는데, 많은 인식능력 사이의 상관관계를 나타내는 일반 지능 요인(general factor; 인간의 다양한 지적 능력을 총괄하는 보편적인 지능 요인을 말하며 소문자 'g'로 표시. 가드너의 '다중 이론'과 상충되는 이론)인 찰스 스피어맨Charles Spearman[1]의 "g"에서부터 사회적으로 가치 있는 능력인 하워드 가드너Howard Gardner[2]의 다중지능(multiful intelligence; 인간의 지적 능력이 기억력뿐 아니라 서로 독립적이며 상이한 다양한 능력으로 구성된다는 이론) 평가는 어떤 특정한 현실을 가정하느냐에 달려있는데, 문제가 되고 있는 지능이 바로 이 특정한 현실과 대응한다. 예를 들면, 현재 인기 있는 감성지능emotional intelligence이란 개념은, 어떤 사람은 타인이 실제 생각하고 느끼는 것을 다른 사람보다 더 예리하게 느낄 수 있는 감성을 지니고 있다는 것을 의미한다.[3] 내 동료와 행한 연구에서 우리는, 대응설이 지적으로, 감성적으로 그리고 물리적으로 어떻게 취약한지를 입증했다.

이러한 견해에 대한 부정적인 효과를 논하기 전에, 19세기로 거슬러 올라가 지능이론의 뿌리를 추적하여 대응설의 근원을 밝히는 것이 도움이 될 것 같다.

19세기의 지능 이론

19th Century Theories of Intelligence

1854년에 헤르만 폰 헬름홀츠Hermann von Helmholtz는 신기한 현상을 관찰했다. 그가 각각의 눈으로 다른 색깔의 정사각형을 보았을 때―가운데 가름막을 한 채로, 한 쪽 눈으로는 빨간색 사각형을, 다른 눈으로는 초록색 사각형을 보았을 때―그는 한 번에 하나의 사각형에만 초점을 맞출 수 있었고; 그의 주의력도 역시, 자신도 모르게 한 색깔에서 다른 색깔로 이동해 감을 알았다.[4] 그는 자신의 인식세계perceptual world 중 어느 부분에 초점을 맞출지 조절할 수 없었을 뿐 아니라, 두 조각의 경험―두 개의 작은 사각형―을 하나의 통일된 시계視界로 불러올 수 없었기 때문에, 그는 우리가 우리의 주변을 감지하는 방법에 대해서 광범위한 예상과 경험적인 연구를 착수하게 됐다.

헬름홀츠가 발견한 사실, 즉 우리가 두 개의 이미지를 동시에 주의할 수 없다는 것―이 현상은 지금까지 자주 논의가 돼왔다―은 다음의 의문을 제기한

다: 우리의 인식범위 안에 한 번에 하나의 이미지만이 존재한다면, 그리고 우리가 이 두 이미지 사이의 연관성을 직접적으로 감지할 수 없다면, 어떻게 우리는 이들 둘 사이의 관계를 자동적으로 이해하게 되는 것일까? 이 질문에 답하기 위한 두 가지 접근 방식이 있다. 많은 지능이론가들에게 이 질문은 우선적으로 인식론에 관한 것이다: "내가 만약 기억들 사이의 관계를 직접적으로 감지하지 못 한다면, 기억의 편린片鱗들 사이에 무슨 관련성이 있는지 어떻게 알 수 있겠는가?" 마음챙김 이론의 견해에 따르면, 이 질문은 우선적으로 개인적인 통제에 관한 문제이다: "기억의 편린들 사이의 관계를 감지하는 나의 방식이 자동적으로 처리되기 때문에, 내가 통제할 수 없는 것이 아닐까?" 의도적인 모호한 이미지〈그림 1〉는 이런 질문을 더욱 공고히 해줄 지도 모른다.

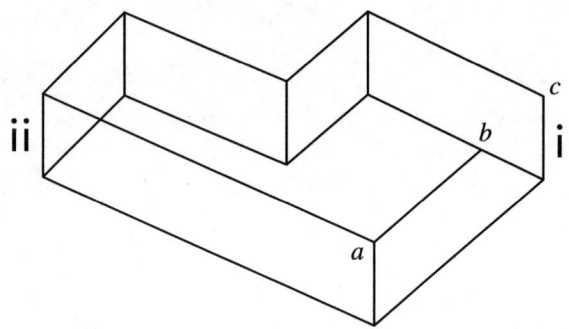

〈그림 1〉 호크버그J Hochberg의 "주의력, 조직, 그리고 의식"Attention, Organization, and Consciousness 중 '의식'에 관하여: 현대 이론과 분석, 모스톱스키D.I.Mostofsky 편집, 118페이지(New York:Appleton-Century-Crofts), 저작권자 메리디쓰 1970년, 저작권자의 허락에 의해 수록

위 이미지의 오른 쪽("i"라고 표시한 부분)을 재빨리 훑어보면, 많은 사람들은 밑에서 위로 올려보는 시점에서 면으로 에워싸인 띠 모양의 구조물을 보게 된다. 아래에서 올려다본 것이란 지각적인 단서는 a에서 b로 이어진 선인데, 하지만 이 선은 c까지는 연결되지 않는다; 한 쪽 면이 다른 쪽 면에 가려 보이지 않는다. 그리고 나서 왼쪽("ii"라고 표시된 부분)을 몇 차례 훑어보면, 많은 사람들은 모양이 뒤집혀져 있는 것을 보게 되며 위에서 아래로 내려 보는 시점에서 보게 된다. 어떤 사람들은 자발적으로 시점을 옮길 수 있긴 하지만, 대부분의 사람들에게는 그것에 대해 생각할 겨를도 없이, 시점이 고정된다는 것이다.

우리는 깨어있는 거의 대부분 시간 동안, 이 지각의 자동적 조직화automatic organization of perception에 의존하고 있다. 이 자동적인 경험구조가 잘 작동함으로써, 우리는 우리의 주위 환경을 거의 무리 없이 해석할 수 있다. 하지만, 이 지각체계의 한계는 그림 1의 경험에서 잘 나타난다. 그림의 ii 부분인 왼쪽에 초점을 두었을 때, 많은 사람들이 오른쪽 부분인 i에 영향을 받지 않는다는 것은, 우리의 즉각적인 지각체계가 얼마나 제한적으로 작동하는지를 잘 말해준다. 우리는 때때로 이 지각체계의 한계를 상기하지 못한다.

이 형태를 바라보는데 있어 우리가 처음 경험한 것이 어떤 것이든지 간에, 그 형태를 경험영역 안으로 통합하는 데에는 그다지 큰 인지적 도약cognitive leap이 필요하지 않다는 것에 대체로 동의하는 것 같다. 우리들 대부분은 "착시 현상"과 같은 인식의 범주를 갖고 있는데, 이로 말미암아 우리가 형태를 분류하고, 세상을 이해하는 일반적인 지각구조의 틀 안에 그 형태를 저장할 수 있는 것이다. 직접적인 지각에서부터 일반적 지각구조의 틀에 이르는 과정이 비록 짧다고 하더라도, 이것이 바로 지능이라고 하는 것의 첫 번째 핵심 요소인 것이다.

경험의 조각들을 서로 연관이 되도록 배치하는 능력이 바로, 프란시스 갈톤 경卿Sir Francis Galton과 뒤 이어 알프레드 비넷Alfred Binet이, 지능을 평가하기 위하여 사용한 기준들 중의 하나이다. 19세기에 갈톤 경은 한 세트의 추를 무게 순으로 배열하도록 함으로써 지능을 테스트했는데, 이런 감각식별 테스트는 나중에 비넷-사이먼Binet-Simon 지능테스트에 차용되었다.[5] 갈톤 경은 선분을 이등분하는 능력도 역시 테스트했는데, 이 방식은 나중에 미국에서 시행한 첫 번째 지능테스트 중 몇 군데에서 제임스 케텔James M Cattell 이 사용하였다. 이런 초기의 이론가들은, 지각을 조직하는 기본적인 능력이 지능의 기초를 이루는 것이라고 믿었다. 갈톤 과 케텔이 사용한 지각기능 테스트 방식은, 더 복잡한 인식수행 능력에 초점을 맞춘 심리측정검사 psychometric test로 대체되었으나, 이들의 접근 방식이 지능평가를 위한 초석을 마련했다.

1870년대와 1880년대에, 갈톤과 허버트 스펜서와 같은 이론가들이, 찰스 다윈에 뒤이어 인간의 행동에 진화이론을 적용했다.[6] 진화와 지능의 연계는 중요한 사안인데, 이는 지능 형성에 있어 유전의 역할에 대한 끝없고 무익한 논쟁 때문이 아니라, 지능이 우리의 인식능력에 대해 갖고 있을 것으로 생각되는 주도적 역할을 이해하는데 진화의 개념이 꼭 필요하기 때문이다.

진화론적 틀에서 보면, 지능은 우리의 생존 가능성을 높여주는 지각작용을 유지하고 조직하는 능력이다. 우리의 지각작용에 자동으로 형성되는 관점은 임의적인 구성체일 뿐 아니라, 자연선택에 의해 결정되는 적응반응이기도 하다. 우리의 개념지도conceptual map가 주위의 위기 상황에 긴밀하게 반응하면 할수록, 생존 기회는 더 높아진다.

이런 면에서, 진화가 많이 진전된 고등동물이 덜 진화된 하등동물에 대해 갖는 장점은, 점점 미묘해지는 지각적 신호를 잘 감지함으로써, 좀 더 정확한 인식의 지도를 창조할 수 있다는 것이다. 스펜서(7)가 "보편적 발달 원리" principle of universal development라고 명명한 바와 같이, 점점 더 정교해지는 변별력을 지향하는 일반적인 경향은, 1909년 에드워드 쏜다이크Edward L. Thorndike가 잘 요약 설명했다. 쏜다이크는 I심리(지능)측정검사를 미국 교육계에 도입하는데 가장 중요한 역할을 했다.

"우리의 육체적 계통系統은 대략 다음과 같다: 어류가 양서 동물을 낳고, 양서 동물이 파충류를 낳고, 파충류가 포유류를 낳고, 초기의 어떤 포유류가 영장류를 낳고; 초기의 어떤 영장류가 사람을 낳고……. 한 살 배기 아기와 원숭이 사이에 드러나는 지적 차이는, 한 살 배기가 많은 아이디어를 가진 반면 원숭이는 거의 없거나 하나도 없다는 것이 아니다. 아기도 아이디어가 거의 없거나 하나도 없을 수 있다. 근본적인 차이는 인간 아기가 (원숭이에 비해) 더 많은 사물에, 더 많은 방식으로 반응을 한다는 것이다."(8)

더욱 정교해지는 식별력으로서의 초기 지능에 대한 개념은 시간의 테스트를 통과하지 못했다 *역자 : 시간이 지나면서 지능의 개념도 변화했다. 1920년대에 이르러서, 심리학자들은 지각 식별의 기초적인 측정만으로는 수학적 능력이나 다른 학문적인 분야에서의 능력과 같은 기능을 예견할 수 없다고 주장했으며, 지능 테스트가 일반적인 지능보다는 특정한 능력을 테스트하는데 더 많은 비중을 두기 시작했다.

"정신 능력이란 특정 상황이 특정 반응을 야기하게 만드는 가능성이며, 따라서 특정한 임무의 수행을 가능하게 해준다. 다른 말로 하면, 특정 능력의 소유자가 산출해 낼 수 있는 어떤 정신적인 결과물이다. 정신 능력은 상황과 반응, 반응의 결과, 그리고 수행해야 할 임무에 의해 정의되는 것이지, 내부에 있는 본질적인 어떤 것에 의해 정의되는 것이 아니다."[9]

적합의 개념

The Notion of Optimum Fit

더욱 정교해지는 분별력으로서의 지능에 대한 개념을 포기하고, 대신 특정 상황과 특정 반응 사이의 관계로 정의함으로써, 지능 이론가들은 우리가 '영역 특수적 지능' domain-specific intelligence[10]이라고 부르는 새로운 개념으로의 길을 열었다. 각각의 영역은 각개의 인식지도를 갖고 있으며, 개인들은 특정 영역에서 효과적으로 작동하기 위한 안내자로 이 인식지도를 사용하는 것이다.

"지능을 이론화하는데 있어 미래의 가장 중요한 임무는, 한 쪽의 환경적 상황과, 다른 한 쪽의 정신적 기능 사이의 상호 관계를 세부적으로 더 잘 명시하는 일이다."[11]

개인과 환경 사이의 '최적의 정합 상태'라는 개념을 이해하기 위해, 전술한 바 있는 모호한 〈그림 1〉에 이 개념을 적용해 보기로 하자. 이 그림이 더 이상 이차원적인 착시현상이 아니고, 비슷한 시각효과를 내기 위하여 디자인된 투명한 삼차원적 모델이라고 가상하자. 이 유리 모형이 이십 야드 정도 떨어진 곳에 매달려 있으며, 이 모형의 중앙을 관통하도록 공을 던진다고 가정하자. 우리는 공을 던지기 전에 이 모호한 형태에 대해 잘 파악해야만 한다.

이 일이 다소 환상적이고 생각하기에 지능과 관련이 없는 것처럼 보이긴 하지만, 지능이론가들이 사용하는 적합도optimum fit 기준에 의하면, 모든 필기筆記식 지능평가는 현실의 복사판이라고 추정한다. 이 상상의 임무는 모든 생명체들이 직면하고 있는 더 일반적인(필기식 지능평가보다)상황의 구체적인 사례이다: 개인들은 주위 환경에 대처하기 위해 자신의 사고력을 사용해야한다.

앞에서 살폈듯이, 〈그림 1〉의 오른 쪽(i)이 정확한 목표 지향을 위한 중요한 신호를 제공해 준다. a에서 b로 이어지는 선분이 c까지 계속되지 않는다는 사실이, 아래에서 위로 올려다 본 관점이 정확한 접근 방식임을 시사한다. 지능 있는 개인들은 이 모호하지 않은 신호(선분 a-b)를 알아차리고, 현실에 정확하게 대응하는 정신적 이미지를 결과적으로 구축하게 된다. 형태를 정확하게 개념화했기 때문에, 이들이 부정확한 정신적 이미지를 갖고 있는 사람들보다 공중에 매달린 물체를 통해 공을 던져 넣을 더 좋은 기회를 갖게 될 것이다.

대안적 능력

An Alternative Ability

마음챙김mindfulness의 개념은, 인식작용을 주위환경에 연결시키는 능력에 대해 언급하기 보다는, 윌리엄 제임스William James와 마찬가지로 '대응설' 이란 개념 자체에 대해 회의적이다.

"모든 경험이 하나의 과정이라는 사실 때문에, 어느 관점도 최종적인 것일 수가 없다. 모든 경험은 불충분하고 균형을 잃고 있으며, 경험 그 자체 보다는 나중에 다가올 (그 경험에 대한) 관점에 책임이 있다."(12)

마음챙김 상태에서는, 어느 하나의 관점만이 어떤 상황을 가장 적절하게 설명할 수 없다는 것을 우리는 은연중에 알고 있다. 그래서 특정 상황에 대응하는 특정 반응을 선택하려고 하지는 않지만, 주어진 정보에 한 개 이상의 관점이 있다는 것과, 그 중에서 우리가 선택할 수 있음을 알고 있다.

지각과 관련된 자동적 인지과정은 오랜 기간에 걸쳐 일어난 자연선택에서 비롯된 결과이며, 유전자에 의해 결정되지 않는다 해도 그것은 분명히 조건 반사적인 행동이다. 그러나 마음챙김은 자동적 인지 과정을 넘어서 한 차원 높은 수준의 또 다른 사고과정을 상정한다. 의식적 상태에서는, 처음에 얼핏 보았을 때 눈에 보이는 것과는 달리, 우리의 인지기능이 개인의 판단에 따라 달라지거나 달리 보일 수 있는 추측에 대한 경험을 체계화해내는 과정에 대해 다시 생각하게 된다.

다시 모호한 형태로 돌아가서, 오른 쪽에 있는 선분(a에서 b로 연결되지만 c까지는 이어지지 않는)때문에 모호하지 않은 형태로 보이는 사실에도 불구하고, 많은 사람들이 그들의 지각작용이 저절로 뒤집혀지는 것을 발견한다는 것을 상기하자. 만약 오른 쪽에 있는 신호가 정말로 모호하지 않은 것이라고 믿는다면, 이 지각의 번복은 당황스러울 수 있다. 상황을 통제하고 있다고 느끼기 위해서는, 우리는 현실을 확실히 장악하고 있다고 믿어야 하며, 이 형체를 확실하게 파악할 수 없다는 것은 아마 실패로 비쳐질 지도 모른다. 확고하지 않은 지각이 암시하는 바를 그대로 따르기 보다는, 우리는 이 경험을 "착시현상"이라고 하는 지각의 범주 안에 밀어 넣고는 그냥 지나쳐 버린다.

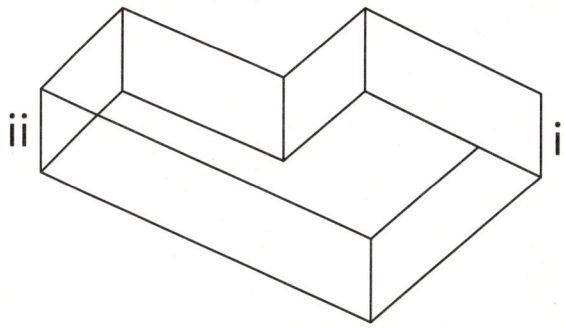

ii   i

〈그림 2〉 호크버그J Hochberg의 "주의력, 조직, 그리고 의식"Attention, Organization, and Consciousness 중 '의식'에 관하여: 현대 이론과 분석, 모스토브스키D.I.Mostofsky 편집, 118페이지(New York:Appleton-Century-Crofts), 저작권자 메리디쓰 1970년, 저작권자의 허락에 의해 수록

(그림의 오른쪽을 보고 밑에서 올려다보고, 왼쪽을 보고는 위에서 내려다보게 되는 것은 조건반사적, 자동적 인지행동이고, 이 경우에서는 관점을 달리 해서 보는 게 불가능하지만, 마음챙김 상태에서는 그런 관점의 변화가 가능함을 깨닫게 된다.)

만약 삼차원적인 형체라면 어떻게 반응할까? 이제 이 형체가 〈그림 2〉처럼 보인다고 가정하자. 두 개의 상반되는 관점처럼, 이전에 불가능한 것으로 제시된 뒤틀림 현상이 이제 완전히 합당해 보인다. 이 모양은 뫼비우스의 띠의 형태로, 삼차원적인 물체로 복제도 가능하다. 종이 띠의 한 쪽 끄트머리를 180도 뒤튼 다음에, 뫼비우스는 띠의 양 쪽 끄트머리를 접착제로 붙여서 하나의 면만을 갖도록, 자체가 뒤로 꼬인 형태를 창조하였다. 삼차원적인 형체로 생각해냄으로써, 우리는 새로운 관점을 얻었다.

우리가 의식적인 상황에 있을 때, 우리는 은연중 또는 명시적으로 ① 하나의 상황을 다양한 관점에서 보고, ② 정보를 새로운 상황에서 제시된 것으로 보고, ③ 우리가 정보를 받아들이는 관점에 주의를 기울이고, 결국은 ④ 이 정보를 처리할 수 있는 새로운 범주를 만든다.

마음챙김 사고와 지능 사이에 이제까지 언급한 차이점에 대해서 〈표 1〉에 요약했다.

〈표 1〉 지능과 마음챙김의 차이점

지능	마음챙김
개인과 환경사이의 최적의 적합상태를 찾아냄으로써 현실에 대응한다.	어떤 상황에 대한 몇 가지 가능한 관점을 찾아내 현실을 제어한다.
문제점에서 해결책까지 빠르게 움직이는 직선적인 과정	상황을 새로운 시각으로 보기 위하여 지각된 문제와 해결책으로부터 뒤로 물러서는 과정
희망한 결과를 도출하기 위한 수단	결과에 의미를 부여하는 과정
관찰하는 전문가의 관점에서 발전했으며 견고한 범주에 초점을 맞추고 있다.	관점을 변화시킴으로써 개인적 통제를 경험하기 위한 행위자의 능력으로부터 발전
한때 새로운 것으로 지각되었던, 암기된 사실이나 특정 상황에서 학습된 기술에 의존	지식과 기능의 유동성에 기반하고 있으며, 각각에 대한 장점과 단점을 인식하고 있음

기계적 대對 의식적 문제 해결

Linear Versus Mindful Problem Solving

앞에서 두 형체의 예를 교육현장에서 볼 수 있는 문제와 문제 해결방식으로 비교해 보라. 대응설을 모델로 움직이는 지능이론가들은, 모호한 상황을 해결해야 할 문제점으로 바라본다.[13] 이런 접근도 몇 가지 관점으로 문제를 보려는 시도일 수 있겠지만, 궁극적인 목표는 현실에 가장 근접하게 대응하는 관점을 찾아내는 것이다. 모호함에 대한 이런 접근방식은 근본적으로 직선적이다. 우리의 어떤 정신적인 능력이 문제점에서 해결책에 이르는 가장 직접적인 경로를 제시하더라도, 그것은 적응행동에 다름 아니다. 이 직접적인 경로가 사람마다 다르긴 하지만, 문제를 해결하는 전반적인 능력은 얼마나 빨리 해결하는지 속도에 의해 측정되기도 하는데, 이 능력이 실제로 지능에 대한 현실적인 정의定義라고 자주 일컬어진다.[14]

하지만, '문제점'과 '해결책' 같은 범주 자체가 쓸모가 있을 수 있고, 없을 수도 있는 가정假定들이라면 어떻게 될까? 문제점에서 해결책에 이르는 직접적인 단일 경로를 좇는 대신, 의식적인 상태에서는 상황에 대처하는 몇 가지 방식이 있다. 이런 유연성으로 인하여, 우리는 우리의 행동을 좌지우지하는 경향이 있는, 이미 구축된 범주에 전적으로 매달리지 않고, 새롭고 사용 가능한 정보를 끄집어 낼 수 있다. 다른 말로 하자면, 상황에 가장 잘 대처하기 위해서는 어떤 사람이 말했듯이 '지적 무지'intelligent ignorance 상태를 유지해야 한다. *역자 : 미국의 발명가 찰스 케터링Charles Kettering이 한 말로, 어떤 일을 이루기 위해서는 약간의 지적 무지를 지녀야만 한다. – "A person must have a certain amount of 'intelligent ignorance' to get anywhere."

우리가 모호한 2차원적 형태에 대해 의식적인 견해를 밝히긴 했지만, 이 시점에서 회의적인 독자들은 실제 환경이 이런 유연한 사고를 전제로 한 다양한 관점을 수용하는지 궁금해 한다. 농작물에 분무하기 위해 개발된 기계를 생각해보자. 기계 제작자는 플로리다에 있는 농부들에게 이 기계를 소개했다. 농작물에 도움이 되기는커녕, 대기 상에서 결빙되는 물질을 내 뿜어 작물을 얼어 죽게 만들었다. 어떤 사업가가 이 기계를 다른 각도에서 응용하여, 북쪽의 스키 슬로프에서 제설기製雪機로 사용하여 약간의 돈을 벌었다. 혈압 강하제로 개발된 미녹시딜이라는 의약품과 관련된 비슷한 얘기가 있다. 이 약은 고혈압에 효과가 있었지만, 머리카락의 성장을 촉진하는 부작용이 있었다. 스무 살 숙녀에게 추가적인 모발 성장은 환영받을 일은 아니지만, 대머리 아저씨에게는, 축복일 수 있다. 이 관점에서 보면, 모발 성장 촉진은 고통스런 부작용이 아니고, 성공적인 의약품의 주요한 요소이다.

이런 제품들의 새로운 용도 개발은 제설이나 대머리 치료의 문제로 시작된 것이 아니다. 문제를 해결하려는 시도가 성공적이지 않다는 것을 깨달았고, 다른 관점에서 볼 수 있었기 때문에 이런 발견을 하게 된 것이다. 의식적인 사람들은 문제점에서 바로 해결책에 이르는 직선적인 방식을 취하지 않는다; 이들은 한 관점에서 다른 관점으로 움직이며, 부작용에 대한 염려에서 시작하여 부작용의 희망적인 면을 추구한다. 이들이 만약 융통성 없이 원래의 해결책에만 매달렸다면, 이러한 대안적인 가능성을 놓쳤을 것이다. 다음 장에서, '정답의 오류' 에 대해 언급하겠지만, 부작용이나 또는 대안적인 해결책은 교육현장에서는 틀린 대답으로 간주될 것이다.

유연한 사고방식이 마음챙김의 핵심이긴 하지만, 유연성은 지능적 사고의 특징으로 간주되기도 한다. 우리 모두는, 낮은 수준의 절차와 높은 수준의 전략적 모색까지, 새로운 환경에서 시도할 수 있는 다양한 사고유형을 갖고 있다. 사고 패턴이 다양할수록, 그리고 어느 특정 절차나 전략에 덜 집착할수록, 우리의 생각은 더욱 유연해질 것이다. 하지만, 우리의 사고범위가 넓어진다고 하더라도, 개인적인 전략은 제자리에 머무를 수도 있다. 다양한 전략과 절차를 추려내는, 그리고 새로운 환경에서 어떤 절차나 전략이 최적의 선택인지를 평가하는 전반적인 역량이, 우리가 늘 얘기하는 지적 사고의 과정이다.[15]

이런 관점에서, 지능은 어느 특정한 문제 상황을 적절하게 반영하는 전략과 절차를 추출抽出해내는 것이라고 할 수 있다. 이 관점이 지능에 대한 좀 더 세련된 견해처럼 보이겠지만, 사실은 프란시스 갈톤 이나 제임스 케텔이 발전시킨 개념, 즉 지능적인 사고가 주위 환경과 최적으로 대응한다는 대응설로의 회귀를 의미한다.

대응설과 대조적으로, 우리가 의식적일 때는, 어느 특정한 상황에 대한 절대적인 최적의 행동기준은 존재하지 않는다는 것을 암묵적으로 알고 있다. 의식적 관점에서는, 특정 상황에 대한 개인의 반응이 활용 가능한 옵션 중에서 가장 좋은 선택을 하기 위한 시도가 아니라, 그 옵션들을 창조해내는 시도이다. 외부적인 최적의 기준이나 정답을 찾기 보다는, 윌리엄 제임스의 표현을 빌리자면, "경험의 그물망 안에서 내적으로 끊임없이 성장하는 기준"을 발견해 내는 것이다.

옛날 중국 위나라에 미자하彌子瑕라는 미녀가 있었는데 왕의 총애를 받고 있었다. 위나라의 법에는 왕의 수레를 몰래 타는 자에게는 발을 절단하는 형벌이 있었다. 어느 날, 한 밤 중에 미자하의 어머니가 아프다는 전갈을 받고, 미자하는 급히 어머니를 만나기 위해 왕의 수레를 타고 집으로 향하였다. 왕은 미자하를 칭찬했다. "효녀로구나, 어머니의 병환을 위하여 자신의 발목이 잘리는 것을 무릅쓰다니!" 또 어느 때인가, 미자하는 임금과 함께 과수원에 행차하게 되었다. 복숭아를 하나 따서는, 너무 맛있어서 자신도 모르게 한입 베어 먹은 복숭아를 왕에게 권했다. 이에 왕은 이렇게 말했다. "짐을 생각하는 마음이 얼마나 깊은가. 제가 먹던 것이라는 사실조차 잊을 정도로 짐을 생각하는구나!" 세월이 흘러 미자하도 늙었고 임금의 사랑도 식었다. 그때 미자하가 실수를 저질러 임금 앞에 나아가게 되었다. 왕이 말했다. "너는 일찍

이 몰래 짐의 수레를 훔쳐 탔으며, 제가 먹다 만 복숭아를 짐에게 주지 않았던가!"

*한비자의 '세난說難'이란 글. 위영공(BC 534~493)과 미자하의 고사: 실제 글에서
미자하는 여자가 아니고 미소년으로 나온다. 〈역자 註〉

'미자하'도 그렇고 우리들 모두는 항상 변하는 환경 속에 살고 있다. 그녀는 왕의 열정을 너무나 굳게 믿었기 때문에, 상황이 바뀔 수 있다는 가능성에 대해 전혀 대비를 하지 않았던 것이다. 반면, 위영공은 그런 직선적인 관점에 얽매이지 않았다. 위영공이 확실하게 주도권을 잡고 있는 동안, 그의 애정이 식을 수 있다는 가능성을 알아챘더라면, 미자하는 좀 더 염려를 하고 어느 정도 자기를 통제해서, 자신의 생존 가능성을 보장할 수 있었을 것이다.

chapter 07

정답에 대한 환상

The Illusion of Right Answers

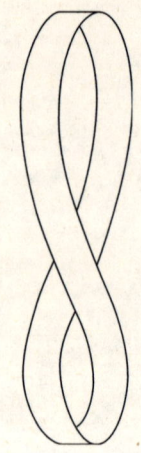

　옛날에 한 가난한 사람에게 네 아들이 있었는데, 그들이 다 성장하자 불러서 말했다.

　"너희들도 이제 다 성인이 되었으니 세상에 나가야 하는데, 물려줄 재산이 없다. 각자 먹고 살 방도를 찾아서, 입신출세할 방법을 찾도록 해라."

　네 아들이 아버지 곁을 떠나 각자의 길을 찾아 떠났다. 큰 아들은 어떤 사람이 어디로 가느냐고 질문을 하자,

　"일자리를 찾아 가는 중입니다."라고 대답했다.

　"그렇다면, 나와 함께 가도록 하자,"라고 그 남자가 얘기했다.

　"도둑질을 배우는 게 어떻겠니?" 아들은,

　"안돼요"라고 대답하면서, "도둑질은 제가 하기에 온당한 일이 아닙니다. 매번 밧줄 끝에 매달린 쥐처럼 벌벌 떨어야 하잖아요."

　"걱정할 것 없다. 나는 단지 걸리지 않고 물건을 훔쳐내는 것만 가르쳐 줄 테니까."라고 말하면서 그는 큰 아들을 확신시켰다. 큰아들은 그 남자를 따

라가서 능숙한 도둑이 되었는데, 너무나 능숙해서 그가 원하는 것은 무엇이나 손에 넣을 수 있었다.

둘째 아들도 어떤 사람을 만나, 어떤 일을 하고 싶으냐는 질문에,

"아직 결정을 못 했어요."라고 말했다.

"그러면 나를 따라 가서 점성가가 되는 법을 배우도록 해라. 이것보다 더 좋은 직업은 없단다. 왜냐면, 네가 보고 싶은 것은 무엇이나 볼 수 있으니까 말이다."

그 점이 마음에 들었고, 둘 째 아들은 뛰어난 점성술사가 되었고, 도제 수업이 끝나자, 그의 스승이 망원경 하나를 주면서,

"이 망원경으로 너는 이 세상, 아니 하늘에 있는 어떤 것도 볼 수 있다."라고 말했다.

어떤 사냥꾼이 셋째 아들을 데려 가서 도제로 삼았으며, 사냥에 대한 모든 기술을 가르쳐 주었다. 이별 선물로 그의 스승은 총 한 자루를 주면서 말했다.

"이 총은 목표물을 절대 놓치는 법이 없다. 무엇을 겨냥하든지 다 맞힐 수 있다고 확신해도 좋다."

막내는 양복장이를 만나서 재봉 기술을 모두 가르쳐 주겠다는 제안을 받았다.

"누가 아침부터 밤까지 허리를 구부리고 앉아서 바느질이나 하고, 낮이나 밤이나 다림질이나 하겠어요?"라고 대꾸했다. 그러자 그 남자는,

"모르는 소리마라. 나와 함께 가면, 너는 온갖 종류의 양복을 다 만들 수 있고, 그 일이 즐겁고 위엄이 있을 뿐 아니라 커다란 명예까지도 가져다준단

다." 라는 남자의 말에 그와 함께 가서 재봉기술을 처음부터 끝까지 잘 배웠다. 이별 선물로, 그 남자는 바늘 하나를 주었는데,

"이 바늘로 너는 어떤 물건이든지 전부 다 꿰맬 수 있다. 계란처럼 부드러운 것에서부터 쇠처럼 단단한 것에 이르기까지 어떤 물건이라도 두 조각을 하나로 이을 수 있으며 꿰맨 자국도 남기지 않는다."

사 년의 세월이 흘러 형제들은 집으로 가는 교차로에서 만나 부둥켜안고 입맞춤을 하고는 서둘러 집에 가서 서로가 배운 기술을 자랑했다.

몇 주가 지난 후에 공주가 용에게 잡혀갔다. 왕은 밤낮으로 걱정이 되어서, 누구든 공주를 구해오는 사람을 사위로 삼겠다고 공표했다. 형제들은 때가 왔다고 생각하고는, "이것은 우리의 기회다."라고 서로에게 다짐했다.

점성술사가 망원경을 들여다보더니,

"공주가 저기 있다. 멀리 떨어진 바닷가의 바위에 앉아 있고, 용이 그 옆에서 호위를 하고 있군."

그리고 왕에게 달려가서는 그와 형제들이 탈 수 있는 배 한척을 얻어 가지고, 바다를 건너 공주가 있는 바위까지 갔다. 거기에 공주가 앉아 있었고, 용은 머리를 그녀의 무릎위에 베고는 잠들어 있었다.

"지금은 쏠 수 가 없어"라고 사냥꾼이 얘기했다. "왜냐면 아름다운 공주도 죽을 수가 있거든."

"이제, 내가 나서야겠군."하고 도둑이 말했다.

그는 몰래 기어가서 용의 머리를 들어내고 공주를 빼왔다. 그 솜씨가 너무 능숙하고 조용해서 용은 알아차리지도 못하고 계속 코를 골았다. 형제들은

공주를 데리고 즐거운 마음으로 배로 돌아와 바다 한 가운데로 노를 저어 나갔다. 바로 그때 잠들어 있던 용이 깨어서 공주가 사라진 것을 알고는 콧구멍으로 불을 뿜고, 으르렁거리면서 하늘을 솟구쳐 날아왔다. 배 위에서 몇 바퀴 맴돌더니 막 아래를 향해 내치려고 할 때, 사냥꾼이 총을 들어 발사하자 심장 한가운데를 관통했다. 용은 떨어져 죽었는데, 그 몸집이 너무나 크고 무거워서 떨어지면서 배를 산산조각 내 버렸다. 다행히 형제들은 배에서 떨어진 갑판 조각들을 가까스로 잡을 수가 있었고, 형제들과 공주는 망막한 바다에 떠 있을 수 있었다. 어려움에 처해 있었지만, 한 순간 양복쟁이가 그의 기적의 바늘을 꺼내서는 갑판들을 몇 개의 성긴 땀으로 꿰매고는, 배의 나머지 부분들을 한 땀 한 땀 정교하게 다 꿰맨 다음에 무사히 귀향할 수 있었다.

무사히 돌아온 공주를 보자 왕은 너무 기뻐서 형제들에게 얘기했다.

"너희 중에 한명이 내 딸을 아내로 맞도록 하라. 하지만 너희들은 누가 공주를 맞이할지 결정해야 한다."

그러자 치열한 말다툼이 일어났다. 왜냐면, 각자 자기의 주장을 폈기 때문이다. 점성술사는,

"내가 공주를 목격하지 못했다면, 다른 기술들은 쓸모가 없게 되지. 그래서 공주는 내가 차지해야 돼."

도둑이 말하길,

"공주를 발견한 것도 한 몫 하긴 했지만, 내가 용으로부터 공주를 구해내지 않았다면 어떻게 됐겠어. 그래서 공주는 내 꺼야."

사냥꾼이 얘기하길,

" 내 총탄이 괴물을 죽이지 않았더라면, 그 괴물이 공주를 포함해 모두를 갈기갈기 찢어 죽였을 것이야. 그래서 공주는 내 차지야."

이어서 양복쟁이가 말했다.

"내가 바늘로 배를 온전히 꿰매지 않았다면, 아마 모두들 비참하게 물귀신이 됐을걸. 공주는 내가 차지해야 돼."

주장을 다 들은 왕이 말했다.

"너희들 모두의 공적은 인정한다. 너희 네 사람 모두 공주와 결혼할 수는 없으니 아무도 공주를 차지할 수 없다. 대신 이 왕국을 똑같이 나눠서 각자에게 상으로 나눠 주겠다."

이 말에 형제들은 수긍했으며, 다들 자신의 몫인 행운을 즐기며 행복하게 살았다.

『네 명의 기술자 형제들』 그림 형제들의 동화집 (저자 각색)

왕은 네 형제들 각자의 배타적인 주장에 옳고 그름이 있음을 현명하게 뚫어보고 있었다. 학생이든, 교사든, 우리들 모두는 여전히 하나의 정답만을 찾고 있다. 하나의 정답을 고집하는 이런 믿음은, 결과와 전문가의 권위를 중시하는 지능의 한 관점에 기반을 두고 있다.

결과에만 집착하는 교육

Hobbled by Outcomes

지능은 원하는 결과를 성취할 수 있는 역량으로 보인다. 아더 젠슨Arthur Jensen은 "개인의 임무수행—학교나 대학, 군대의 훈련 프로그램, 그리고 비즈니스나 산업계의 고용에 있어서—⑴을 예견하기 위한 지능의 실제적인 유용성"을 강조함으로써, 자신의 개념인 지능의 '일반 요인' general factor를 수호한다. 심지어는, 다중지능 이론의 주창자인 하워드 가드너조차도 지능을 "문제를 해결하기 위한 능력(또는 기술)"⑵이라고 설명한다. 이들을 포함한 다른 지능이론가들도, 교육과정의 목표가 특정한 바람직한 결과를 얻기 위하여 학생들에게 준비를 갖추는 것이라고 가정한다.⑶ 하지만, 그 결과가 바람직한지 여부는 처한 상황에 달려있다. 어느 상황에 바람직한 결과가 다른 상황에서는 가장 바람직하지 않을 수도 있다.

어떤 결과를 성취하는 역량이 세상을 탐구하고 자신의 경험을 이해하는 능력과는 다른 것이다. 교사가 지시하는 대로 수학 문제를 푸는 것과 자신의 가설을 시험하려는 시도와는 다른 것이다. 학생들에게 미리 정해진 방식으로 문제를 풀라고 말하는 선생님은, 다른 맥락을 조사하고 기발한 아이디어를 테스트하려는 학생들의 능력을 제한하는 것이다.

많은 지시사항들은 마치 유아들을 위한 색칠공부(paint-by-number; 아이들을 위한 색칠공부로 보드 위에 구분선이 있고, 각각의 구역에 있는 숫자에 맞는 색깔을 칠하는 키트)와 같은 방식을 취하는 경향이 있다. 교사나 전문가들이 개인의 경험을 의식적으로 테스트할 수 있도록 새로운 가설을 창출(創出)할 기회를 주기보다는, 목표는 이미 정해져 있고 단지 목표를 달성하는 수단만이 아무것도 모르는 관찰자에게 불투명한 상태로 남아 있다고 가정하고 있다. 이런 관점으로 가르치는 것은 문제를 해결하는 단계별 방법을 제시함으로써, 근본적으로 비자발적인 형태의 성공을 가능하게 한다.

우리가 이런 결과지향적인 방법을 벗어날 수만 있다면, 본질적인 의미도 없고 특정 환경이외에는 재고할 가치도 없는 결과를 달성하는 것보다 자유롭게 학습과정을 규정하는 것이 더욱 중요하다는 것을 알게될 것이다.

지능이론가들이 추론설정과 가설검증과 같이 포괄적이고 자주 사용되는 과정을 가르친다고 하더라도, 그들은 여전히 가치가 매겨진 결과를 규정하고 있는 것이다.(4) 이 경우에 목표는 특정한 종류의 기술 획득이다. 이 견해는 개인의 목표에 가장 잘 어울리는 기술을 탐색할 수 있는 역량을 발휘하지 못하게 할 수 있다.

이와 같이 기술에 초점을 맞추는 것은, 일반적 역량으로서의 전통적인 지능의 개념과 보다 회의적인 관점인 사회적으로 획득된 기술의 부산물로서의 지능을 혼합하는 시도로 볼 수 있다. 그럼에도 이러한 타협도 역시 결과 지향적이다. 앤 브라운Ann Brown과 조셉 캠피온Joseph Campione이 설득력 있게 주장한대로, 이것은 특정한 환경에서 유용한 것으로 가치 매김한 특정한 기술을 가르치거나, 아니면 학습하는 방법을 배우도록 가르치는 것이다.(5) 후자의 메타 능력meta-ability은, 새로운 과제를 습득하는 학생의 스피드, 그리고 배운 것을 다른 관련 과업으로 연결하는 능력이라고 브라운과 캠피온은 정의하였다.

'학습하는 방법을 배우도록 가르치는 기술'이라는 정의도 지능의 전통적인 모델인데, 여기서도 지능이란 것이 한 지점에서 다른 지점으로 이동하는 스피드를 말하기 때문이다. 주어진 선분을 이등분하는 기술이나 무게를 판단하는 기술에 초점을 맞췄던 초기의 지능검사가, 다음에는 문제 해결에 중점을 두다가, 이제는 새로운 기술을 습득하는 능력을 강조하고 있다. 어느 경우에나, 목표—물리적인 형태, 문제 해결, 또는 기술 습득—는 지적인 전문가에 의해 미리 선택된다는 것이다.

학생들을 이런 식으로 평가하면, 학생들은 자신의 목표를 선택할 기회를 잃게 되며, 전문가들이 설정한 기술의 범주를 벗어난 과정을 탐구할 수 없게 된다.

행위자/관찰자 그리고 다른 관점들

Actor/Observer and Other Perspectives

전문가의 권위는 대부분 자신의 전문분야에서, 보통의 관찰자보다는 정확하게 사건을 예견하는 능력에 달려있다.[6] 예지능력은 개인적인 통제personal control의 개념과 연관돼 있다.[7] 두 가지 유형의 예지능력으로 구분하는 것이 가능하다. 전문가들의 예견은, 축적된 다양한 관찰, 즉, 시간이 흘러도 변하지 않을 것 같은 잘 정돈된 범주의 관찰에 의존한다. 그런데 우리 모두는 자신의 변화하는 경험에 기초해서 예측을 하는 것이지, 다른 사람들의 행동을 관찰함으로써 예측을 하는 것은 아니다. 행위자의 관점에서 생성된 예견(전문가의 예견)과 관찰자 관점의 예견 사이의 차이점은, 마음챙김과 지능, 두 개념 사이의 구분을 이해하는데 매우 중요하다.[8]

전통적 지능에 기초한 문제해결 방식은 새로운 가설—결과적으로 익숙한 질문에 대해 다른 관점을 밝혀내는—을 구성하는데 있어 사용 가능한 데이터를 이용하는 관찰자의 역량에 의지한다. 활용 가능한 데이터에 상당히 친숙하면서도 어느 특정한 관점에 사로잡히지 않은 관찰자들이, 한 연구 분야에서 일반적인 이해를 증진시킬 개념적인 기여를 할 공산이 가장 크다.[9]

의식적인 접근이 행위자 관점보다 관찰자 관점을 더 선호하는 것은 아니다. 우리는 어떤 가설을 우리 자신의 행동에 직접 적용함으로써 그 가설을 테스트할 수 있다. 공식적인 예는 아니지만, 지인 한 사람이 얼굴 성형수술을 했다. 시술 이틀 후에 의사에게 전화해서, 얼굴에 붙어 있어야할 귓불의 일부분이 떨어져 있다고 말했다. 전화를 받은 그 의사는 그럴 리가 없다고 말했다; 그녀의 남편도 그녀의 면전에서 전문가의 말에 동의했다. 두 사람의 말에 그녀는 자신의 경험을 의심해야했다. 하지만 그녀는 다수의 사람들보다도 더 강력하게 자신의 현실을 사실대로 인정했다. 그녀는 예정보다 일찍 의사를 방문해서는 좀 더 자세히 그녀의 귀를 관찰할 것을 주장했다. 만약 그녀의 말이 맞는 걸로 판명되지 않았더라면, 이 사건은 물론, 이 상황과 거의 아무런 의미도 없었을 것이다.

이제 데이터에 기초한 예를 생각해보자. 많은 심리학적 연구에 의하면, 사람들이 일화逸話적이고 기이奇異한 정보를 선호하여, 때로 인구 통계에 기초한 정보를 무시한다는 것이다.[10] 예를 들어, 우리가 차를 구매할 때, 볼보의 좋은 성능을 강조하는 통계자료를 제공 받으면서도, 볼보의 문제점을 알고 있는 어떤 사람을 안다고 할 때, 우리는 그룹에 기초한 정보에 많은 무게를 두지 않으려고 한다. 주어진 가능성을 수용하든지 않든지 간에, 우리는 누가 기저율基底率(base rate: 판단 및 의사 결정에 필요한 사건들의 상대적 빈도. 사람들은 종종 가용되는 정보를 바탕으로 판단하고 기저율을 무시하기 때문에 잘못된 판단을 내리게 된다.)을 결정하는 가에 대해 생각하지 않은 경향이 있는데, 말하자면, 만약 쟁점이 다른 관점에서 기인한 것이라면, 어떤 가능한 대안을 있는지 고려하지 않는다. 이에 대한 구분은 개인적인 성취결과에 심대한 영향을 미칠 수 있다. 내가 아는 교수 한 분이 유명한 대학의 종신 교수직을 고려하고 있었다. 지난 15년 간 그 학교의 어느 누구도 그녀가 가르치는 분야에서 종신 교수직을 얻지 못했을 뿐 아니라, 더구나 그녀가 재직하던 학부에서는 여자가 그런 경우는 전혀 없었다. 직접적인 상황이 아닌 친구들과 다른 사람들은 기저율, 즉 그 과課에서 과거에 있었던 전례에 기초한 종신직 가능성에 대해 고려해 볼 것을 종용했는데, 심지어는 다른 학교에서 그 직위를 알아보라고 충고하기도 했다. 그녀와 내가 그 가능성을 토론하면서, 그녀가 학교에서 얼마나 많은 일들을 시도했으며, 그리고 성공적으로 수행했는지를 물어 보았다. 이 질문은 그녀의 잠재적 성공에 대해 다른 각도에서 가능성을 제시해 주었다. 그리고 우리는 종신직을 받은 얼마나 많은 사람들이 그녀가 다닌 초일류의 학교에서 박사 학위를 받았는지를 면밀히 조사했다. 이것이 또 다른 기저율을 제공해 주었다. 전술한 관점과 다른 관점들을 종합적으로 시도한 후에, 그녀는 자신의 본능을 따르는 것으로 귀결 지었다.

여담이긴 하지만, 하나의 기저율 만이 존재하고, 그 성공 가능성이 없다고 할지라도, 현재는 과거와 동일한 것이라는 미심쩍은 가정이 여전히 존재한다; 진전의 가능성이 여전히 있는 데도 말이다. 다시 언급하자면, 모든 것은 똑 같아 지지 않을 때까지는 똑 같은 것이다.

이 교수는 종신직을 보장받았고, 그래서 이 이야기는 해피엔딩으로 끝났지만, 아닐 수도 있었다. 우리의 경험이 전문가들의 그것과 다를 때, 우리는 우리 자신의 길 또는 그들의 길을 따를 수밖에 없는데, 둘 중 하나의 방법이 만족할 결과를 내거나 그렇지 못할 수 있다. 미래의 일을 앞질러 알 수는 없다. 그렇지 않으면(알 수 있다면) 타결해야 할 갈등 같은 것은 없을 것이다. 내 생각에는, 설사 실패한다고 하더라도 자신의 관점을 따르는 것이 유리하다. 외부의 관찰자들이 조립한 데이터에 기초한 수동적인 결정 방식과 반대로, 의식적인 결정 방식은 적극적인 자기 정의self definition의 과정이다.[11]

앞서 모호한 〈그림 1,2〉의 상황에서 논의했듯이, 다양한 관점에서 상황을 바라보는 능력 때문에 우리는 더욱 광범위한 대안을 선택할 수 있다. 모호한 그림에서 더 넓은 환경으로 시점을 전환했기 때문에, 관점을 유연하게 바꿀 수가 있었고 어쩌면 못보고 지나쳤을 지도 모르는 새로운 대안들을 발견하게 되었다. 체계적으로 선택의 폭을 줄임으로써, 우리가 종종 무시해버리는 관점이 우리 자신의 경험으로 되는 것이다.

전문적인 관찰자들은 다양한 변수들을 정례화定例化하는 어떤 상황의 특정적인 기능을 중시하는 경향이 있다. 예를 들면, 미국의 대학입학위원회college admissions committee는 최고의 대학 수능시험SAT 점수나 최고의 평점(GPAs)을 받은 학생만을 입학시킬 수 있다. 안정성이 전문가들의 관심사 일 수밖에 없는데, 왜냐면 그들의 권위는 늘 그들이 채택하는 범주의 안정성에 달려있기 때문이다. 만약 입학위원회가 우수학생을 뽑기 위해서 변화 가능한 다양한 기준을 사용한다면, 그들은 아마도 가장 바람직한 학생을 구분해 낼 수 있는 자신감을 잃어버릴 수 도 있다. 하지만, 평가를 받는 학생들 입장에서는, 전문가들과는 다르긴 하지만 아주 중요한 기준에 초점을 맞추고 있는지도 모른다. 예를 들면, 성적이 C에서 A로 향상된 학생이나, 최근에 영어를 배우기 시작했지만 중간 수준의 수능시험성적을 받은 학생들을 생각해보자. 우리가 자신의 행동을 평가할 때는, 새로운 기준을 만들기 위한 자신의 관심사 때문일 경우가 종종 있다. 이 같이 변화하는 관점의 동인動因을 찾아내는 역량은 새로운 상황에서 항해하기 위한 능력의 필수 요건이다. 이것은 전문가들에게 안정적인 범주를 유지하는 능력이 그들의 권위를 지키기 위해 매우 중요한 것과 같다.

다른 종류의 대안이 더 설득력이 있을 수가 있는데도, 전문가들이 고정된 범주에 집착하는 경향에 대한 예는 많은 공식적인 교육평가에서 볼 수 있다. 교육계의 대표적 보고서인 '교육 기회의 평등'Equality of Educational Opportunity에 의하면, 학생들의 성취도는 그들의 사회경제적인 배경에 깊게 연관돼 있으나, 학교의 수준하고는 거의 관련이 없다고 했다.[12] 이 보고서는 지난 20년간 미국의 교육정책에 엄청난 영향을 끼쳐왔다. 이 때문에, 많은 교육자들은 학교의 수준을 개선시키는 것이 학생들 개개인의 학업수준을 끌어 올리지 않는다는 혼란스런 결론에 봉착했다. 이 결론이 더 큰 규모의 인종 간 통합과 같은 긍정적인 조직의 변화를 야기하긴 했지만, 학생들의 사회경제적인 구성을 도외시한 채, 학교 내의 변화만을 시도해온 교육자들을 잘 못 인도해왔다는 불행한 인상을 남기기도 했다.

레이 버스타인Leigh Burstein과 다른 몇 사람이 나중에 행한 연구에 따르면,

국가적인 차원에서는 서로 관련이 없어 보이는 요인들이 국제적인 차원에서는 밀접한 관련이 있음을 보여 주었다.[13] 이 경우에, 관점의 전환은 소위 말하는 분석 단위unit of analysis의 변화였다. 미국 내 학교들 간의 차이에만 초점을 맞췄던 종래의 보고서와는 달리, 버스타인 그룹은 몇 개 국가들의 학교 시스템 간의 차이점에 초점을 맞췄으며, 교육의 분권화, 교육 과정의 차별화 그리고 선별적인 학급 편성tracking, 이 모든 것들이, 사회경제학적인 위상과 학생들의 성취도 간의 상호 관련성을 증대시켰음을 발견했다; 이름이 의미하듯이, 능력별 학급편성은 사회적 약자들을 제 자리에 고착시켰다, 즉 그들은 혜택을 받지 못했다. 차별적인 반편성을 하지 않고 똑같은 교육 과정을 제공하는 중앙통제식의 교육은, 학생들의 성취도에 대한 사회경제적인 위상의 효과를 감소시켰다.

사회과학자들은 그룹에서 도출된 통계 자료를 개인적인 케이스에 적용하는 것이 문제가 있다는 것을 인식하긴 하지만, 그렇다고 통계적 방법을 통하여 발전시킨 관점들을 개인들에게 적용하는 시도까지 제한하려는 것은 아닌 것 같다.[14] 그룹 데이터에 초점을 맞추는 것과 개인적인 경험에 초점을 맞추는 양자 간의 차이점을 면밀히 검토하는 것은, 우리가 6장에서 의심을 품었던, '지식이란 것이 외부 세계에 무엇이 있는지 아는 것'이라는 가정으로 다시 돌아가게 한다. 계량화된 그룹 데이터를 얻으려는 노력들은, 이런 데이터가 현실과 가장 근접하게 상응하리라는 믿음에 기초하며, 그래서 개인들에게 미래의 경험을 예견할 수 있는 더 큰 능력을 준다고 믿게 한다. 관찰자의 관점에서는, 미래에 대한 예견이나, 현실과의 상응, 그리고 개인적인 통제가 종종 동의어처럼 보인다.

하지만, 행위자의 관점에서는, 개인적 경험에 기초한 예견이 그 개인에게는 사실이 되기도 한다. 이런 예견들은 관찰자의 관점에서 보면, 현실과 상응하지 않을 수도 있겠지만, 그럼에도, 이 예견들은 행위자에게는 유용한 것으로 증명되기도 한다.

이 차이점은 내가 몇 해 전에 동료들과 수행한 연구에서 명확히 드러났다.[15] 우리는 큰 수술을 준비하고 있는 환자들에게 제공하기 위해 고안한 두 개의 뚜렷이 구별되는 대응 전략을 테스트했는데, 환자들은 수술실에 들어갈 때 상당한 자기 통제 경험을 갖고 들어가도록 조처했다. 첫 번째 접근 방식은, 환자들에게 통계 자료에 근거한 통증과 회복 과정에 대한 정보를 제공하면, 그들에게 어떤 일이 일어날지 예견하는 능력이 증대되어 상당한 정도의 자기 통제를 경험할 수 있으리라는 가정에 기초한 것이다. 이 대응 전략을 배운 환자들에게 수술 전의 절차에 대한 객관적인 설명과, 수술 후에 대부분 겪게 될, 그룹 데이터에 기초한 정보를 제공해 주었다. 이 가설의 배경에는, 현실에 가장 근접한 정보를 알려주면 환자는 자신의 통제 능력을 가장 잘 발휘하리라는 가정이 깔려있다.

두 번째 방법에서는 환자들에게 자신의 수술을 어떻게 생각하느냐의 관점에 따라 수술에 대한 실제 경험이 달라질 수 있다고 말해주었다. 이 환자들은 자신이 선택한 방식에 맞춰 경험을 예상할 수 있다. 나는 남녀차별주의자인 것처럼 별 생각 없이, 남자 환자들에게는 축구를 하다가 살갗이 약간 찢어지는 상처를 입은 상황을 상상해보라고 주문하고, 여자 환자들에게는 많은 손님을 저녁식사에 초대해놓고 음식을 차리다 손가락을 베인 상황을 상상해보라고 주문했다. 그리고는 남녀 모두에게 다시 이 상황을 신문을 읽다가 손가락을 종이에 약간 베인 상황과 대조해보라고 주문했다. 상황에 따라 그들의 가상의 경험이 어떻게 달라질 수 잇는지를 생각해본 후에, 환자들에게 관점이 경험을 바꾸는 경우들에 대해 생각해보도록 했다. 그리고는 같은 사건에 대해 또 다른 관점을 환자 스스로 만들어보라고 했다. 마침내, 우리는 환자들과 함께 곧 받게 될 수술을 긍정적인 관점으로 바라볼 수 있는 렌즈를 함께 만들어낼 수 있었다.

우리는 수술 후에 진통제와 진정제를 요청한 환자들의 비율(퍼센트)을 기록했다. 긍정적인 렌즈를 통해 수술을 받도록 요청받은 그룹의 환자들이 다른 세 그룹의 환자들보다 월등히 낮은 비율로 수술 후 진통제를 요청했다. 다른 세 그룹의 환자들은, ① 그룹 데이터에 기초한 정보를 받은 환자 ② 두 가지 대응 전략을 다 받은 그룹, 그리고 ③ 처방을 받지 않은 대조군. 수술 후 진정제의 요청도 같은 패턴을 따랐다. 사실에 가까운 준비와 상황을 재구성하는 트레이닝 모두, 예견하는 것이 개인 통제의 경험에 중요한 열쇠라는 것을 강조하지만, 개인적인 경험에 의해 제공되는 형태의 예견이 그룹 데이터에 의해 제공되는 예견과는 뚜렷이 구별된다는 것이, 이 실험이 보여주는 결론이다. 통계 수치에 기초한 예측이 현실과의 어떤 상관관계를 추정하는 반면, 개인의 경험에 기반을 둔 예측은 개인들 자신의 미래 경험에 대해 의미를 부여해 준다.

불확실성과 창조적 사고

Uncertainty and Creative Thought

사회 과학의 많은 부분이 시대에 구애받지 않고 많은 사람들에게 일반적으로 적용되는 안정적인 현상들을 밝혀내는 시도이긴 하지만, 경험 자체가 안정적이지 않다는 것을 고려하면 이 역시 흥미롭다. 왜냐하면, 경험은 매 순간마다 변할 수 있고, 개인마다 다르기 때문이다.

경험이 가변적이라고 믿는 사람들은 고정된 틀에 안주하는 사람에 비해서, 불확실성을 경험할 가능성이 훨씬 많다.[16] 이런 불확실성이, 어떤 사람에게는 개인적 통제가 없는 것으로 보일 수도 있다.[17] 하지만 의식적인 관점에서는 불확실성이 새로운 의미를 발견하는 자유를 제공한다. 의미 있는 선택들이 존재한다면, 불확실성이 있기 마련이다. 만약 선택해야 할 것이 없다면, 불확실한 것도 없고 통제해야 할 기회도 없는 것이다. 마음챙김 이론에 따르면, 불확실성과 개인 통제의 경험은 불가분의 관계라고 주장한다.

불확실성이 창조적인 사고를 촉발하는 경향이 있음에도, 학생들은 사건적 사실facts을 불변적이고 무조건적인 진실로 받아들이도록 늘 교육받았다. 예를 들면, 삼각형 내각의 합은 180도라는 것은 모두 다 안다. 기하를 공부하는 학생들은, 이 기하학의 공리가 가정assumption에서 도출된 것이라는 것을 배우지 않는다. 가정이라는 것은, 어떤 경우에는 도움이 되고 유용하지만, 다른 상황에서는 도움도 안 되고 유용하지도 않을 수 있는 것이다. 자, 지금 카펫 위에서 각도기를 가지고 삼각형의 내각을 재고 있는 어린이를 상상해보자. 이 어린이는 아주 수고스럽게 내각의 각도를 재고는, 반복적으로 내각의 합이 183도 임을 알아냈다고 하자. 이 사실을 잘 알고 있는 그녀의 선생님은 즉각적으로 이 문제를 수정해 줄 것이다. 머리 좋고 교육받은 모든 사람들은 내각의 합이 180도 여야 한다고 교육 받아왔기 때문에, 선생님은 자신이 직접 각도기를 재기 전에 무엇을 해야 할지 잘 알고 있다. 어린이의 치기稚氣를 참을성 있게 지켜보면서 그리고 이제 막 자라나는 경험주의의 싹을 상처받지 않도록 보살피면서, 선생님은 아이에게 정확히 각도를 재는 방법을 보여 준다. 선생님의 기대에 부응해 이제 내각의 합이 180도에 정확히 들어맞았다.

어린이의 형성되지 않은 지식을 충족시켜 주고 나서, 선생님은 아이에게 일의 진상에 대해 설명해 줄 기회를 가졌다. 선생님은 아이에게 각도를 잴 필요가 없다고 말하면서, 기하학자들이 내각의 합이 180도가 된다는 것을 이미 증명했다고 설명해 주었다. 하지만, 각도를 재느라고 선생님보다도 훨씬 고생한 것을 잘 아는 아이는 그렇게 쉽게 속아 넘어가지는 않을 것이다.

아이는 지구본으로 다가가 적도와 경도 사이의 각도를 재어 보았다. 각도는 전부 직각이었다. 아이는 "전부 90도야."라고 말했다. 그리고 손가락으로 지구본 위에서 삼각형을 그려 보았다: 적도를 지나 북극까지 그리고 북극에서 다시 적도까지. 경도의 각 선들은 적도에 대해 90도의 각도를 이루고 있었는데, 하지만 그 선들은 북극에서 전부 만나고 있었다. 적도 상에서 잰 두 개의 각도가 이미 180도를 만들었는데, 왜 북극에서 세 번째 각도가 존재하는지를 물었다.

우리는 선생님의 반응을 예상할 수 있다: 삼각형은 2차원적인 평면이다; 그래서 평면에서 그려야한다; 그런데 이 삼각형은 평면이 아닌 굴곡 면에서 그린 거라 전혀 삼각형이 아니다.

하지만 요점은 그것이 아니었다: 아이가 이 전에 잰 카펫도 굴곡 면이었다. 평면 기하학상의 완전 평면은 수학적인 추상개념이지, 경험적인 현실세계가 아니다. 카펫 면 위에서 약간의 변형이 아이가 신중하게 재었던 몇 도의 추가된 각도를 쉽게 설명해 줄 것이다. 이것이 미분 기하학으로 알려진, 굴곡 면에서의 기하학에 대한 자연스런 입문서가 될 것이다. 선생님은 주어진 상황은 도외시한 채, 진실에 대한 자신의 신념에 너무 집착한 나머지, 굴곡 면에서 각도를 잰 아이가 제공한 기회를 보지 못했다.

데이터를 안정적인 소모품(완성품)으로서가 아니라, 모호함을 일으킬 수 있는 근원으로 의식적으로 생각함으로써 우리는 좀 더 관찰적 입장이 될 수 있다. 이제, 꽃병으로 볼 수도 있고 두 사람의 얼굴로도 볼 수 있는 잘 알려진 스케치를 생각해보자.[18] 처음 이 스케치를 대하면, 관찰자들은 이 이미지 중의 어느 한 이미지로 인식을 하지, 두 가지 다를 보지는 못한다. 이 단계에서,

대부분의 사람들은 이미지가 확실하다고 자신하게 되고, 좀 오래 동안 본 후에라도 다른 이미지를 볼 수 있을 것 같지는 않다. 다른 방식으로 그림을 보라는 신호를 받은 후에라야, 처음에 꽃병으로 보였던 것이 두 사람의 얼굴로 보인다.

〈루빈의 컵〉

이 그림의 위아래를 거꾸로 뒤집음으로써 제3의 관점에서 볼 수도 있다. 이 각도에서는 이 스케치는 단지 연속된 구불구불한 선으로 밖에 보이지 않는다. 이상하게도, 이때가 아마 우리가 사물을 가장 뚜렷하게 볼 수 있을 때이다. 그림을 직접 카피할 때보다 뒤집혀진 형태를 복사할 때, 일반적으로 우리는 그림을 더 정확하게 그릴 수 있다.[19] 그림을 뒤집음으로써 우리는 선입견의 틀로부터 벗어날 수 있으며, 다른 활용 가능한 정보의 세계로 나아갈 수 있는 것이다─(이 경우에는, 페이지위에 그려진 구불구불한 선.)

정답이 오답될 때

When Right Becomes Wrong

시비를 벌이던 두 사람이 재판관을 찾았다. 첫 번째 남자가 얘기를 마치자, 재판관이 말했다. "그래, 당신 말이 옳아." 상대방이 재판관의 의견에 화가 나서 말했다. "재판관님, 제 말은 아직 듣지도 않았습니다." 그가 자신의 입장을 설명하자 재판관이 말했다. "그래, 당신 말도 옳아." 옆에 있던 제 삼자가 어떻게 두 사람 다 맞을 수가 있냐고 하자, 재판관은 잠시 생각하다가, "그래, 당신 말도 옳아."

여러 개의 관점을 수용하는 교육 시스템에 대해 사람들이 갖는 두려움은, 아무것도 안정적인 것은 없으며, 그들이 지속적으로 의지할 수 있는 믿을 만한 것이 없다는 것이다. 그럼에도, 똑 같은 정보를 여러 관점에서 바라볼 때, 우리는 실제로 좀 더 개방적이 된다는 것을 알아낸다. 그 정보가, 앞의 예에서 본 것과 같은 구불구불한 선과 같이 모호한 채로 남아 있을 수도 있지만, 작업을 수행할 수 있는 일관된 기초를 마련해 준다. 우리가 그림을 더 정확하게 복사하기 위해 거꾸로 뒤집는 것과 마찬가지로, 선입견의 틀 밑에 묻힌 정보를 캐내기 위해 같은 현상을 여러 각도에서 바라 볼 수 있는 것이다. 여러 다른 관점을 탐색하지 못하면, 우리 자신이 갖고 있는 견고한 선입견을, 현상 자체의 요지부동으로 혼동하는 위험을 감수해야 한다.

때때로 교육자들은 학생들에게 어떤 아이디어나 이론에 대한 찬반贊反표를 제공함으로써 교육의 엄청난 유동성을 인식하려고 시도한다. 의사들이 어떤 치료의 예상되는 이점利點과 함께, 있을지도 모르는 역효과를 나열하는 것과 마찬가지로, 학생들에게 쟁점 중에 있는 아이디어에 대해 장점과 단점을 기술하라고 함으로써 학생들에게 비판적 사고법critical thinking을 가끔은 가르친다. 하지만 이런 학습법은, 각각의 잠재적인 이점이 결점이 될 수 있으며, 또한 단점이 장점이 될 수 있다는 인식을 늘 거의 하지 못한다.

갈릴레오가 이 모호함을 인류의 업적으로 형상화했다. 갈릴레오는 서양 문명의 자연 법칙을 변경하기 위해 직접적인 관찰에 의지했다. 경험주의는 오늘날 아주 흔한 것이지만, 갈릴레오의 동시대인에게는 생소한 것이었다. 아리스토텔레스의 의견에 동조해, 대다수의 갈릴레오 동시대인들은 무거운 물체가 가벼운 물체보다 더 빨리 낙하할 것이라고 믿었다. 만약 누군가가 공기 저항의 차이에 대해서 책임진다면, 무게가 다른 물체들이 같은 속도로 낙하한다는 것을 실연해 보였다. 그는 단지 경험적 방법으로 실험해 보임으로써, 그의 시대를 지배해온 세상에 대한 관점을 뒤집어엎었다.

그럼에도 우리는 갈릴레오를 자신의 아이디어에 의해 덫에 빠진 사람으로 보기도 한다. 눈에 보이는 것만 믿을 수 있다고 주장하면서, 갈릴레오는 동시대 과학자인 요하네스 케플러의 공적을 일축해 버렸다. 갈릴레오의 관점에서는, 케플러가 신비적이고, 눈에 보이지도 않고 그래서 믿을 수 없는 힘에 의지하고 있었다. 오늘날 이 힘을 사람들은 '인력引力'이라고 한다. 달에 의해 조류가 생긴다는 케플러의 주장을 무시함으로써, 갈릴레오는 오늘날 자명한 것으로 생각되는 힘을 알아차리지 못했다. 직접적인 관찰에 의지하는 갈릴레오의 강점도 한계를 지닌 것으로 판명되었다.

가르치는 입장에 있는 우리들은 때로 학생들의 실수에 관대하다—학생들이 제한된 지식을 갖고 있다고 믿을 때 더욱 그렇다—하지만, 학생들의 대답을 단순히 실수로 보지 않고, 다른 상황에 대한 반응일 수도 있다는 것을, 우리 교육자들은 고려하지 않는다.

어떤 질문에 대한 대답을 옳고 그른 것으로만 평가하면, 대답이 평가되는 바로 그 상황을 동결시켜야 한다. 예를 들면, "두 점을 잇는 가장 짧은 거리는 직선이다." 이 명제는 평면 기하학 적인 맥락에서는 옳을 수 있다. 하지만 당신의 집에서 은행까지 간다고 생각하고 가장 가까운 길을 알아보라. 다른 예로는 "2+2=4"라는 등식을 "전체는 그 부분들의 합보다 더 크다."라는 명제와 결합시켜 보라.

우리가 의식적일 때는, 모든 부적절한 대답이 다른 상황에서는 적절하다는 것을 인식한다. 우리 모두의 관점 안에, 우리 자신을 더 잘 들여다 볼 수 있는 렌즈가 놓여 있다. 우리가 학생들의 능력들, 즉 자신의 경험을 규정하고, 자신의 가설을 만들어내고, 세상을 범주화하는 새로운 방법을 발견하는 능력을 존중한다면, 우리는 그들의 대답이 적절한 것인지 아닌지 평가하는데 너무 서두를 필요가 없는 것 같다. 대신 우리는 그들의 질문에 귀 기울이기 시작할 수 있다. 그들의 질문에서 가장 창조적인 생각과 발견이 나온다.

마음챙김과 자기 정의

Mindfulness and Self-definition

길포드J.P. Guilford가 서로 다른 뚜렷한 150개의 관점을 가진 지능 모델을 개발한 이유는, 각 개인이 적절하게 비교할 수 있는 적어도 한 개 이상의 관점을 제공하기 원했기 때문이다. 그는 이 지능 모델이 "학생들로 하여금 자신이 원하는 과정이나 전공을 찾는데 있어" 도움이 되길 원했고, "학생들의 드러나지 않은 능력을 집어내 주기를 바랐다."[20]

지능에 대한 관점이 확산되면서 학생들이 자신의 가치 감각을 유지하는데 도움이 되긴 했지만, 그들의 강점을 찾아나는 과정에서 어쩌면, 우리도 모르는 사이에 그들의 발전 가능성을 약화시키고 있는지도 모른다. 지능 평가에 의해 도움을 받은 학생들은 그들 자신의 능력에 대한 견해를 스스로 이끌어내는 잠재적인 이점을 잃어버렸을 뿐 아니라, 최대의 교정 노력을 기울인 수혜受惠학생들은 자신에 대한 평가절하를 대체로 수긍하는 경향이 있다.[21] 자신의 능력에 대한 평가절하는 때로 다른 사람들을 저평가함으로써 보상받으려 한다. 다른 말로하면 사람들은, 자신이 남보다 뛰어나다는 것을 보여줄 방식을 찾음으로써, 다른 사람들이 자신보다 더 잘한 것으로 보이는 방식을 받아들인다.[22] 지능의 차원을 확장함으로써 등급을 매기게 되고 경쟁을 유발하게 된다.

이런 비교는 개인적으로 선호하는 비교 항목을 드러내 보이도록 하기 위해, 경험의 특정 관점의 저평가를 유도할 수 있다. 사람들은 자신이 잘하는 행위에 가치를 부여하고 자신들이 성공적이지 못한 행위를 저평가하는 경향이 있다.

지능검사는 초창기부터 부정적인 등급매기기를 조장해왔다. 이 검사는 통상적인 학교과정이 아닌 다른 프로그램에서 혜택을 볼 것 같은 학생을 선발하기 위해 사용되어 왔다. 최초의 지능검사는 프랑스 교육부가 교정학교(remedial school − 학력 부족을 보충하는)에 보낼 필요가 있는 학생들을 선발하는 것을 돕기 위해 개발되었다. 우리는 지능검사를, 학생들을 한 종류 또는 다른 종류의 그룹으로 추려내는 수단으로 죽 보아왔다: 대학진학 대상자, 직업학교 대상자, 재능 있는 그룹, 기타 등등. 우리의 교육 시스템은, 학생들로 하여금 실패의 유용함을 발견하도록 격려하고, 또한 무능함에 가려있는 그들의 능력을 찾아내는 노력을 하는 대신, 너무나 자주 도전을 피하는 방향으로 학생들을 인도하도록 시도했다.

어떤 활동−주제나 스포츠 또는 학과 과정−에는 가치를 두고, 다른 것들은 저평가함으로써 우리가 다른 활동을 보는 많은 관점들을 무시한다. 마음챙김 상태의 순간에서는, 우리는 무언가를 배우고, 어떤 방식으로든 변화를 꾀하고, 또한 우리와 환경이 서로 변화할 수 있도록 환경과 교감한다. 이런 관점에서, 상반되는 활동이 아닌 어느 한 활동에 투자한 순간이 결정적으로 중요한 것은 아니다. 우리가 어느 특정한 어려움과 맞서 겨루는 순간마다, 배우고 성장한다는 것을 알아차린다면, 수행중인 프로그램이나 과정에 따라 우리 자신을 평가하고 있는 것은 아니다.

같은 근거로, 우리가 한 과업을 끝마치지 못한 이유가 다른 과업을 수행했기 때문이라는 것을 인식하면, 우리는 더 이상 첫 번째 과업을 마치지 못한 것에 대해 자신을 부정적으로 평가할 필요는 없다.[23]

다른 눈으로 세상 보기

Learning as Re-imaging the World

앞에서 본 대로, 많은 지능이론의 핵심은 개인과 주위 환경 간의 최적의 부합상태를 찾아내는 것이 가능하다는 믿음에 있다. 하지만, 우리가 환경과 교감하는 방식이 우리 자신을 외부의 표준에 합치시키는 문제가 아니라는 사실을 우리는 알고 있다; 이것은, 우리가 외부 세계에 형태를 부여하고, 의미와 가치를 부여하는 능동적인 과정이다. 만약 최상의 맞춤 상태가 없다면, 최적 상태를 찾는 능력이 유용한 개념은 아닐 수도 있다.

지능검사가 무언가를 측정하는 것이 아니라고 주장하는 것이 아니라, 이 테스트가 측정하는 범위가 중립적인 특성일 수 있다는 말이다. 즉, 지능검사로 측정한 능력이, 마치 키가 큰 것이 유리한 상황이 있는 것처럼, 어떤 상황에서는 유용할 수 있다. 키가 작은 것이, 키 큰 사람들을 위해 조성된 환경에서는 부담스럽기는 하겠지만, 어떤 환경에서 일할 때는 유리할 수도 있고, 게다가, 큰 키가 불리한 상황이 될 수 있는 세상을 상상하는 것도 어렵지 않다. 만약 세상이 작은 사람들에 의해 디자인되었다면, 다른 사람들은 얼마나 불편할지 상상해보라. 지능이 낮은 사람들이 더 유리한 상황이 되는 환경을 상상하기는 더 어려울 것이다. 그럼에도, 마음챙김 이론은 그것을 상상하기를 요구한다. 우리가 그러한 상황을 상상할 수 없다는 것은 곧 그 만큼 이 세상이 지능이라는 범주에 따라 철저히 조직화되어 있음을 단적으로 보여주는 징표이다.

The degree to which we are unable to do so is an an indication of how comprehensively our world has been organized around the category of intelligence.

하나의 단어가 문장 안에서 반복되는 문장을 보여주면, 사람들은 거의 언제나 반복된 추가 단어를 놓친다. 예를 들어, 앞 문단의 마지막 문장(영문)을 친구들이나 동료들에게 읽혀라.(위에 기록한 영문 참조) 두부외상頭部外傷을 입은 소수의 사람들에게 이런 문장을 보여주면, 그들 모두는 반복되는 단어인 "an"을 예문에서 찾아낼 것이다. 왜 이럴까? 우리는 단지, 어떤 친숙하던 능력을 잃어버린 사람들은, 더 이상 그 단어를 당연한 것으로 여기지 않는다고 가설을 세울 수 있을 뿐이다. (경험 있는 명상가들도 역시 이 중복 단어를 문제없이 찾아냈다.)

어떤 장애라도 우리가 그것을 새로운 관점에서 바라볼 수 있다면, 하나의 능력으로 기능할 수 있다.(24) 우리가 의식적일 때, 우리는 우리가 사는 세상을 구축하는 방식이 많은 구축물들 중의 하나일 뿐이라는 것을 알아차린다. 우리가 사는 세상이 우리의 능력 또는 우리가 감지한 능력의 결여와 들어맞지 않을 때, 또는 우리의 성장이 중지됐다고 느끼거나 우리가 충분히 효과적이라고 느끼지 못 할 때면, 우리 스스로가 이 세상을 재구축하는 것을 생각해 볼 수 있을 것이다. 마음챙김 관점에서 보면, 우리가 똑똑하지 못하다고 느낄 때 우리가 멍청한 것이 아니다; 대신, 우리는 다른 관점에서 분별력이 있는 상태이다. 심지어 우리가 아주 훌륭하다고 느낄 때조차도, 소위 저능아들로 부터 세상을 건설하는 대안에 대해 여전히 배워야만 한다.

　모든 상이한 관점에서 발견할 수 있는 통찰력을 잘 알아차리지 못하는 것 그 자체가 무능함을 구성하는 중요한 요소일 수 있다. 진실로, 지능과 같은 추상적인 개념에 대해 쓰고 읽을 수 있을 정도로 머리 좋은 우리 같은 사람들이 아마도 이런 무능함 때문에 심하게 고통 받고 있을지 모른다. 그럼에도 우리 아이들에게도 이 무능함을 계속 가르쳐야만 할까?

　어느 날 장자가 친구와 함께 강의 방죽 길을 걷고 있었다.
　"물고기들이 물 속 에서 얼마나 행복할까?"
　장자가 감탄하면서 말했다. 옆에 있던 친구가 그 말을 듣고는 말했다. "
　당신이 물고기가 아닌데, 어찌 이들이 행복하다는 것을 알 수 있습니까?"
　"당신도 내가 아닌데,"라고 장자가 받아치면서,

"물고기들이 행복하다는 것을 내가 모른다고 어찌 알 수 있겠는가?"

카쿠죠 오카쿠라 – 일본의 철학자*

*저자는 이 일화를 일본의 철학자 오카쿠라의 저작으로 알고 있는데, 사실, 원전은 장자莊子에 나오는 이야기로, 장자와 혜시가 나눈 유명한 어유락魚有樂이다. 〈역자 註〉

질문하지 않는다면, 우리는 어떻게 알 수 있을까? 우리가 확실하게 알고 있다면 왜 우리는 물어야 하는 걸까? 모든 대답은 질문으로부터 나온다. 우리가 우리의 질문에 주의를 기울이면, 우리는 마음챙김 학습의 효능을 증대시킬 수 있다.

주 註 ──────────────────────

Introduction

1. New York Times Magazine, August 11, 1996

2. Langer, E. Mindfulness. Reading, MA:Addison-Wesley, 1989

chapter 1 When Practice Makes Imperfect

1. Saint-Exupery, A. de. The Little Prince, trans. Katherine Woods (New York: Harcourt Brace, 1943, 1971)

2. Langer, E., and Imber, L. "When Practice Makes Imperfect: The Debilitating Effects of Overlearning," Journal of Personality and social Psychology 37 (1979):2014-25

3. Dudkin, D., Brandt, D., Bodner, T., and Langer, E., unpublished data, Harvard University

4. Langer, E., Mindfulness (Reading, MA: Addison-Wesley, 1989).

5. Milgram, S., Obedience to Authority (New York: Harper and Row, 1974)

6. Pietrasz, L., and langer, E., unpublished manuscript (Harvard University).

7. Langer, E., Mindfulness (Reading, MA: Addison-Wesley. 1989).

8. Pierce, A., and Pierce, R., Expressive Movement: Posture and Action in Daily Life, Sports and the Performing Arts(New York: Plenum Press, 1989).

9. Feldman, D., Nature's Gambit: Child Prodigies and the Development of Human Potential (New York: Basic Books, 1986).

10. Anderson J. R., Cognitive Science and It's Implications (San Francisco: W. H. Freeman, 1980).

11. Payzant, G. Glenn Gould, Music and Mind (Toronto: Key Porter Books, 1984).

12. Bodner, T., Waterfield, R., and Langer, E., "Mindfulness in Finance" (manuscript in preparation, Harvard University).

chapter 2 Creative Distraction

1. Langer, E., Janis, I., and Wolfer, J., "Reduction of Psychological Stress in Surgical Patients," Journal of Experimental Psychology 11 (1975): 155-65.

2. Yarbus, A. L. Role of Eye Movements in the Visual Process (Nauka: Moscow, 1965).

3. Langer, E., and Bodner, T., "Mindfulness and Attention" (manuscript, Harvard University, 1995).

4. Langer, E., and Bayliss, M., "Mindfulness, Attention, and Memory" (manuscript, Harvard University, 1994).

5. American Psychiatric Association, DSM IV Washington, DC, 1994 (also APA WWW page on Childhood Disorders); "Attention Deficit Hyperactivity Disorder" (Rockville, MD: National Institute of Mental Health, 1994).

6. Batshaw, M. L., and Perret, Y. M., Children with Disabilities: A Medical Primer (Baltimore: P. H. Brooks, 1992).

7. Levy, B., "The Dopamine Theory of Attention Deficit Hyperactivity Disorder (ADHD)," Australian and New Zealand journal of Psychiatry 25(2), (1991), 277-83;Lou, H. C., Henriksen, L., and Bruhn, P., "Focal Cerebral Dyfunction in Developmental Learning Disabilities," The Lancet335, no. 8680 (Jan. 1990): 8; Zametkin, A. J., Nordahl, T. E., Gross, M., King, C. A., et al. "Cerebral Glocose Metabolism in Adults with Hyperactivity of Childhood Onset," New England Journal of Medicine 323, no. 20 (Nov. 1990): 1361-66.

8. Vyse, S. A., and Rapport, M. D. "The Effects of Methylphenidate on Learning in Children with ADHD: The Stimulus Equivalence Paradigm," Journal of Consultation and Clinical Psychology 57, no.

·3 (June 1989): 425-35

9. Landau, S., Lorch, E. P., and Milich, R., "Visual Attention to and Comprehension of Television in Attention-Deficit Hyperactivity Disordered and Normal Boys," Child Development 63 no. 4 (Aug. 1992): 928-27

10. Ford, M., Poe, V., and Cox, J. "Attending Behaviors of ADHD Children in Math and Reading Using Various Types of Software," Journal of Computing in Childhood Education 4, no. 2 (1993):183-96.

11. Cripe, F.F., "Rock Music as Therapy for Children with Attention Deficit Disorder: An Exploratory Study," Journal of Music Therapy 23, no. 1 (Spring 1986):30-37.

12. Zentall, S. S., "The Attraction of Color for Active Attention-Problem Children." Exceptional Children 54, no. 4 (Jan. 1988): 357-62;

13. Carson, S., Shih, M., and Langer, E. "Sit Still and Pay Attention?" (manuscript, Harvard University, 1996).

chapter 3 The Myth of Delayed Gratification

1. Lerner, M., Miller, D., and Holmes, J. "Deserving versus Justice: A Contemporary Dilemma," in Advances in Experimental Social Psychology, ed. L. Berkowitz, vol. 9 (New York: Academic Press,

1976).

2. Deci, E., "Effects of Externally Mediated Rewards on Intrinsic Motivation," Journal of Personality and Social Psychology 18 (1971): 105-15; Kruglanski, A., Freedman, I., and Zeevi, G., "The Effect of Extrinsic Incentive on Some Qualitative Aspects of Task Performance," Journal of Personality 39 (1971):606-17; Lepper, M., Greene, D., and Nisbett, R., "Undermining Children.s Intrinsic Interest with Extrinsic Reward: A Test of the Overjustification Hypothesis," Journal pf Personality and Social Psychology 28 (1973): 129-38; Pittman, T., and Heller, J., "Social Motivation," Annual Review of Psychology 38 (1987): 461-89.

3. Steele, C. M., and Aronson, J. "Stereotype Threat and the Intellectual Test Performance of African Americans," Journal of Personality and Social Psychology 69, no. 5 (Nov. 1995): 797-811.

4. Snow, S., and Langer, E., unpublished data. Harvard University.

5. Le Vine, R. Personal communicaton.

6. Langer, E., and Pietrasz, L., "From Reference to Preference" (manuscript, Harvard University, 1995).

7. Marcus, A., and Langer, E., "Mindfulness as a Means of Reducing Conformity" (manuscript, Harvard University, 1990).

8. Zajonc, R., "Attiributional Effects of Mere Exposure," Journal of

Personality and Social Psychology 9, suppl. no. 2, part 2 (1968).

9. Bornstein, R. F., "Exposure and Affect: An Overview and Meta-Analysis of Research, 1968-1987," Psychological Bulletin 106, no. 2 (1989):265-89.

10. Saegart, S. C., and Jellison, J. M., "Effects of Initial Level of Response Competition and Frequency of Exposure on Liking and Exploratory Behavior," Journal of Personality and Social Psychology 16 (1970): 553-58.

11. Langer, E., Bashner, R., and Chanowitz, B., "Decreasing Prejudice by Inreasing Discrimination," Journal of Personality and Social Psychology 49 (1985): 113-20.

chapter 4 1066 What? or The Hazards of Rote Memory

1. Noice, H., "The Role of Explanations and Plans Recognition in the Learing of Theatrical Scripts," Cognitive Science 15 (1991): 425-60; Anderson, J., and Reder, L., "An Elaborate Processing of Death of Processing," in Levels in Human Memory, ed. L. Cerrik and F. Craik (Hillsdale, NJ: Erlbaum, 1979), 385-403: Hilgrad, E., and Marquis, D. G., Conditioning and Learning (New York: Appleton-Century-Crofts, 1961).

2. MacIver, D. J., and Epstein, J. L., "Impact of Algebra-Focused

Course Content and Active Learning/Teaching for Understanding Instructional Approaches on Eighth-Graders' Achievement" (Baltimore, MD: Johns Hopkins University Center for Social Organization of Schools. Disadv. Stud., 1994).

3. Becker, H. J., "Mathematics With Meaning" ((Baltimore, MD: Johns Hopkins University Center for Social Organization of Schools. 1993).

4. Rutherford, F. J., and Ahlgren, A., Science for All Americans (New York; Oxford University Press, 1990).

5. Bereiter C., and Scardamalia, M. (1987), "An Attainable Version of High Literacy: Approaches to Teaching Higher-Order Thinking Skills in Reading and Writing," Curriculum Inquirer 17 (1987) 9-30.

6. Epstein, J. L., and Salinas K. C., Promising Programs in the Middle Grades (Reston, VA: National Association of Secondary School Principals, 1992).

7. Raudenbush, S. W., Rowan, B., and Cheong, Y.F., "Higher Order Instructional Goals in Secondary Schools: Class, Teacher, and School Influences," American Educational Research Journal 20, no. 3 (1993): 523-53.

8. Marcus, H., "Self-Schemata and Processing Information about the Self," Journal of Personality and Social Psychology 35 (1977): 63-78;

Rogers T., Kuiper, N., and Kirker, W., "Self-reference and the Encoding of Personal Information," Journal of Personality and Social Psychology 35 (1977) 677-88.

9. Marcus, H., Crane, M., Bernstein, S., and Siladi, N., "Self-Schemas and Gender," Journal of Personality and Social Psychology 42(1982) 38-50.

10. Bellezza, F.S., "the Self as a Mnemonic Device: The Role of Internal Cues." Journal of Personality and Social Psychology 3 (1984): 47.

11. Noice, H., "The Role of Explanation and Plan Recognition in the Learning of Theatrical Scripts," Cognitive Science 15 (1991); 425-460.

12. Lieberman, M., and Langer, E. 1995 "Mindfulness and the Process of Learning," in Learning and Context, ed. P. Antonacci (Cresskill, NJ: Hampton Press, 1995).

13. Ibid.

14. Mueller, C., and langer, E., "Encoding Variability and Mindfulness" (manuscript, Harvard University, 1995).

15. Eck, J., "Medical Misdiagnosis with the Elderly" (ALM thesis, Harvard University Extension School, 1994).

chapter 5 A New Look of Forgetting

1. Dror, I, and Langer, E. "The Danger of Knowing Too Much: Cognitive Plasticity and Knowledge," in Creativity and Cognition (in preparation)

2. Maier, N. R. F., "Reasoning in Humans II: The Solution of a Problem and its Appearance in Consciousness," Journal of comparative Psychology 12 (1931): 181-194; Duncker, K., "Part Three: Fixedness of Thought Material," Psychological Monographs 58 (1945): 85-111; Langer E., and Weinman, C. "When Thinking Disrupts Intellectual Peformance: Mindlessness on an Overlearned Task," Personality and Social Psychology Belletin 7 (1981): 240-43 (1981); Condoor, S. S., Brock, H. R., and Burger, C. D., "Innovation Through Early Recognition of Critical Design Parameters," Paper presented at the meeting of the ASEE, Urbana, Illinois, June 1993; Hecht, H., and Profitt, D. R., "The Price of Expertise: Effects of Experience on the Water-Level Task," Journal of Psychological Science 6 (2) (1995): 90-95

3. Moore, B., Sherrod, D., Liu, T., Underwood, B., "The Dispositional Shift in Attribution over Time," Journal of Experimental Social Psychology 15 no. 6 (1979): 553-69

4. Estes, W. K. "Is Human Memory Obsolete?" American Scientist 68

(1980): 62-69

Pratkanis, A. R., Greenwald, A. G., Leippe, M, R., and Baumgardner, M. H. "In Search of Reliable Persuasion Effects: III. The Sleeper Effect Is Dead: Long Live the Sleeper Effect." Journal of Personality and Social Psychology 54 (1988): 203-18

Schacter, D. L., Harbluk, J. L., and McLachlan, D. R. "Retrieved Without Recollection: An Experimental Analysis of Source Amnesia," Journal of Verbal Learning and Verbal Behavior 23 (1984): 593-611

5. Cutler, S., and Grams, A., "Correlates of Self-Reported Everyday Memory Problems," Journal of Gerontology: Social Sciences 43 (1988): 582-90; Palmore, E., Facts on Aging Quiz: A Handbook of Uses and Results (New York: Springer, 1988); Ryan, E., "Beliefs about Memory across the Life Span," Journal of Gerontology: Psychological Science 47 (1992): 41-47

6. Baddeley, A. Working Memory (Oxford, England: Clarendon, 1986); Johansson, B., Zarit, S., and Berg, S., "Changes in Cognitive Functioning of the Oldest Old," Journal of Gerontology: Psychological Science 47 (1992): 75-80; Light, L., and Burke, D., "Patterns of Language and Memory in Old Age," in Language, Memory and Aging, ed. L. light and D. Burke (New York:

Cambridge University Press, 1988), 244-71

7. Holland, C., and Rabbit, P., "Effects of Age-Related Reductions in Processing Resources on Text Recall," Journal of Gerontology: Psychological Science 47 (1992): 129-37; Langer, E., Rodin, J., Beck, P., Weinman, C., and Spitzer, L., "Environmental Determinants of Memory Improvement in Late Adulthood," Journal of Personality and Social Psychology 37 (1979): 2003-13; Rissenberg, M., and Glanzer, M., "Picture Superiority in Free Recall: The Effects of Normal Aging and Primary Degenerative Dementia," Journal of Gerontology: Psychological Science 41 (1986): 64-71

8. Kite, M., and Johnson B., "Attitudes toward Older and Younger Adults: A Meta-analysis," Psychology and Aging 3 (1988): 233-44

9. Perdue, C., and Gurtman, M, "Evidence for the Automaticity of Ageism," Journal of Experimental Social Psychology 26 (1990): 199-216

10. Langer, E., Mindfulness (Reading, MA: Addison-Wesley, 1989)

11. Ibid

12. Levy, B., and Langer, E., "Memory Advantage for Deaf and Chinese Elders: Aging Free from Negative Premature Cognitive Commitments," Journal of Personality and Social Psychology 66, no.6 (Jan. 1994): 989-97

13. Becker, H. J., Growing Old in Silence (Berkeley: University of California Press, 1980); Davis, D. Long Lives: Chinese Elderly and the Communist Revolution (Cambridge: Harvard Unuversity Press, 1983); Ikels, C., "Aging and Disability in China: Cultural Issues in Measurement and Interpretaton," Social Science and Medicine 32 (1991):649-65; Padden, C., and Humphries, T., Deaf in America: Voices from a Culture (Cambridge: Harvard University Press, 1988)

14. Higgins, P., Outsiders in a Hearing World: A Sociology of Deafness (Beverly Hills, CA: Sage, 1980); Padden and Humphries, Deaf in America

15. Becker, H. J., Growing Old in Silence

16. Hall, S., "Train-Gone-Sorry: The Etiquette of Social Conversations in American Sign Languages," in American Deaf Culture: An Anthology, ed. S. Wilcox (Silver Spring, MD: Linstock, 1989), 89-102

17. Becker, H. J., Growing Old in Silence, Padden and Humprries, Deaf in Amirica

18. Davis, Long Lives; Sher, A., Aging in Post-Mao China: The Politics of Veneration (Boulder, CO: Westview Press, 1984)

19. Davis, Long Lives

20. Ikels, C., "New Options for the Urban Elderly," in Chinese Society

on the Eve of Tiananmen: The Impact of Reform, ed. D. Davis and E. Vogel (Cambridge: The Harvard University Council of East Asian Studies, 1990), 214-42; Sher, Aging

21. Davis, Long Lives; Ikels, "Aging and Disability."

22. Furth, H., Thinking without Language: Psychological Implications of Deafness (New York: Free Press, 1966); Jacobs, L., A Deaf Adult Speaks Out (Washington, DC: Gallaudet University Press, 1969); Padden and Humphries, Deaf in America

23. Ikels, C, "New Options"

24. Becker, Growing Old in Silence

chapter 6 Mindfulness and Intelligence

1. Spearman, C., The Abilities of Man (New York: Macmillan, 1997)

2. Gardner, H., Frames of Mind: The Theory of Multiple Intelligence (New York: Basic Books, 1983), 2,7

3. Goleman, D., Emotional Intelligence (New York: Bantam Books, 1995)

4. Helmholtz, H. L., Handbuck der physiologischen Optik (Helmholtz's treatise on physiological optics), trans. J. P. C. Southall (Rochester, NY: The Optical Society of America, 1924),3

5. Boring, E. G., A History of Experimental Psychology (Englewood

Cliffs, NJ: Prentice-Hall, 1950)

6. Darwin, C., Expressions of the Emotions in Man and Animals (New York: Appleton-Century-Crofts, 1873)

7. Spencer, H., Principles of Psychology (New York: Appleton, 1883)

8. Thorndike, E. L., Selected Writings from a Connectionalist's Psychology (New York: Appleton-Century-Crofts, 1949)

9. Ibid

10. Cattell, R. B., Intelligence: Its Structure, Growth and Action (Amsterdam: Elsevier, 1987); Gardner, H., Frames of Mind; Horn, J., "Intellectual Ability Concepts," Advances in the Psychology of Human Intelligence 3 (1986):35-77; Sternberg, R. J., Beyond IQ: A Triarchic Theory of Human Intelligence (Cambridge: Cambridge University Press, 1985); Sternberg R. J., "Domain-Generality versus Domain-Specificity: The Life of Impending Death of a False Dichotomy," Merrill-Palmer Quarterly 35, no. 1 (1989): 115-30

11. Sternberg, Beyond IQ

12. James, W., The Meaning of Truth (Cambridge: Harvard University Press, 1878)

13. Dixon, R. A., Kramer, D. A., and Baltes, P. B., "Intelligence: A Life-Span Development Perspective," in Handbook of Intelligence: Theories, Mesaurements and Applications, ed. B. B. Wolman (New

York: John Wiley and Sons, 1985), 301-50

14. Eysenck, H. J., "A General Systems Approach to the Measurement of Intelligence and Personality," in Intelligence and Cognition: Contemporary Frames of Reference, ed. S. H. Irvine and S. E. Newstead (Dordrecht, Netherlands: Martinus Nijhoff, 1987), 349-75; Jensen, A. R., "Reaction Time and Psychometric g." in A Model for Intelligence, ed. H. J. Eysenck (New York: Springer, 1982), 93-132; Sternberg R. J., "Representation and Process in Linear Syllogistic Reasoning," Journal of Experimental Psychology: General 109 (1980): 119-59

15. Frensch, P. A., and Sternberg, R. J., "Expertise and Intelligent Thinking: When Is It Worse to Know Better?" Advnaces in the Psychology of Human Intelligence 3 (1989): 157-88

16. James, The Meaning of Truth

chapter 7 The Illusion fo Right Answers

1. Jensen A. R., "Intelligence: Definition, Measurement, and Future research," in What Is Intelligence?: Contemporary Viewpoints on Its Nature and Definition, ed. R. J. Sternberg and D. K. Detterman (Norwood, NJ: Ablex Publishing, 1986), 109-12

2. Gardner, H., "The Waning of Intelligence Tests," in What Is

Intelligence?: Contemporary Viewpoints on Its Nature and Definition, ed. R. J. Sternberg and D. K. Detterman (Norwood, NJ: Ablex Publishing, 1986), 73-76

3. Brown A. L., and Campione, J. C., "Modifying Intelligence or Modifying Skills: More Than a Semantic Quibble?" in How and How Much Can Intelligence Be Increased, ed. D. K. Detterman and R. J. Sternberg (Norwood, NJ: Ablex Publishing, 1982), 215-30

4. Collins, A., and Smith, E. E., "Teaching the Process of Reading Comprehension," in How and How Much Can Intelligence Be Increased, ed. D. K. Detterman and R. J. Sternberg (Norwood, NJ: Ablex Publishing, 1982), 173-85

5. Brown, and Campione, "Modifying Intelligence"

6. Lichenstein, S., Fischhoff, B., and Phillips, L. D., "Calibration of Probabilities: The State of the Art to 1980," in Judgement Under Uncertainty: Heuristics and Biases, ed. D. Kahneman, P. Slovic, and A. Tversky (Cambridge: Cambridge University Press, 1982), 306-34

7. Langer, E., "The Illusion of Control." Journal of Personality and Social Psychology 32, no. 2 (1975): 311-28

8. Jones, E., and Nisbett, R., "The Actor and Observer: Divergent Perceptions of the Causes of Behavior," in Attribution: Perceiving the Causes of Behavior, ed. E. Jones (Morristown, NJ: General

Learning Press, 1972), 74-94

9. Frensch, P. A., and Sternberg, R. J., "Expertise and Intelligent Thinking: When Is It Worse to Know Better?" Advances in the Psychology of Human Intelligence 3 (1989): 157-88

10. Kahneman, D., and Tversky, A., "A Heuristic for Judging Frequency and Probability," Cognitive Pscychology 5, no. 2 (Sept. 1973): 207-32; Kahneman, D., and Tversky, A., "On the Psychology of Prediction," Psychological Review 80, no. 4 (July 1973): 237-51

11. Langer, E., "The Illusion of Calculated Decisions," in Beliefs, Reasoning and Decision Making, ed. R. Schank and E. Langer (Hillsdale, NJ: Erlbaum, 1994)

12. Coleman, J. S., Campbell, E. Q., Holson, C. J., McPartland, J., Mood, A., Weinfeld, E. D., and York, R. L., Equality of Educational Opportunity (Washington, DC: U.S.P.O., 1966)

13. Burstein, L., Fisher, K. B., and Miller, M. D., "The Multi-level Effects of Background in Science Achievement: A Cross-national Comparison," Sociology of Education 53 (1980):215-25

14. De Rivera, J., Field Theory as Human Science: Contributions of Lewin's Berlin Group (New York: Gardner Press, 1976)

15. Langer, E., Janis, I. L., and Wolfer, J. A., "Reduction of

Psychological Stress in Surgical Patients," Journal of Experimental Social Psychology 11 (1975): 155-65

16. Langer, E., Mindfulness (Reading, MA: Addison-Wesley, 1989) 2, 8; Cantor, N., and Kihlstrom, J. F., Personality and Social Intelligence (Englewood Cliffs, NJ: Prentice-Hall, 1987)

17. Staub, E., Tursky, B., and Schwartz, G. E., "Self-Control and Predictability: The Effects of Reactions to Aversive Stimulation," Journal of Personality and Social Psychology 18, no. 2 (1971): 157-62

18. Edwards, B., Drawing on the Right Side of the Brain (Los Angeles: J. P. Tarcher, 1979), 12, 13

19. Ibid

20. Guilford, J. P., "The Structure-of-Intellect Model," in Handbook of Intelligence: Thoeries, Measurements and applications, ed. B. B. Wolman (New York: John Wiley & Sons, 1985), 225-66

21. Langer, E., and Benevento, A., "Self-Induced Dependence," Journal of Personality and Social Psychology 36 no. 8 (Aug, 1978): 886-93; Langer, E., and Avorn, J., "Induced Disability in Nursing Home Patients: A Controlled Trial," Journal of the American Geriatric Society 30, no. 6 (1981): 397-400; Steele, C. M., and Aronson, J., "Stereotype Threat and the Intellectual Test

Performance of African Americans," Journal of Personality and Social Psychology 69, no. 5 (1995): 797-811

22. Taylor, S. E. Wood, J., and Lichtman, R., "It Could Be Worse: Selective Evaluation as a Response to Victimization," Journal of Social Issues 39 no. 2 (1984): 19-40; Wills, T. A., "Social Comparison in Coping and Help-Seeking," in New Directions in Helping, ed. B. M. DePaulo, A. Nadler, and J. D. Fisher, vol. 2, Help-Seeking (New York: Academic Press, 1983), 109-141

23. Langer, E., "The Illusion of Incompetence," in Choice and Perceived Control, ed. L. C. Perlmuter and R. A. Monty (Hillsdale, NJ: Erlbaum, 1979), 301-13; Langer, E., and Park, K., "Incompetence: A Conceptual Reconsideration," in Competence Considered, ed. R. J. Sternberg and J. Kolligian (New Haven, CT: Yale University Press, 1990), 149-66

24. Langer E., and Chanowitz, B., "A New Perspective for the Study of Disability," in Attitudes Towards Persons with Disabilities, ed. H. E. Yuker (New York: Springer, 1987), 68-81; Langer, and Park, "Incompetence," in Competence Considered, ed. R. J. Sternberg and J. Kolligian (New Haven, CT: Yale University Press, 1990), 149-66

지난겨울 동인출판사로부터 본서를 번역 제의를 받고 심리학 교수가 쓴 명상에 관련된 저서려니 했는데, 일별해 본 결과 학습 이론에 관한 저술이었다. 이 책은 우리가 학습과 교육에 대해 갖고 있는 상식화된 고정 관념의 오류와 그에 대한 대안을 자신이 경험한 일상의 이야기로 풀어낸 학습 이론에 대한 정교한 해설서이다.

교육 현장에서 금과옥조로 여기는 일곱 가지의 통념의 오류를 밝히면서 저자의 주장이 시작된다. 랭어 교수는 이런 그릇된 관념이 우리 교육에 어떻게 폐해를 끼치고 있는가를 상술하면서, 이 문제의 대안으로 마음챙김 학습 mindful learning을 제시한다. 이론의 전개에 있어서 저자는 우리가 누구나 일상에서 겪을 수 있는 경험들을 소재로 하여 비유와 일화의 사용하여 설명한다. 기본기 부분에서는 야구를 처음 시작하는 아이들이 왜 똑 같은 방식으로 배팅을 연습해야 하는지에 대해 의심을 품는다. 기존의 직업 야구 선수나 테니스 선수들이 제각기 다른 방식으로 배팅을 하고 서브를 하는데 왜 체중이나 신장 등 여러 가지 조건이 다른 사람에게 똑 같은 기본기만을 고집하느냐는 것이다. 요리를 예를 들면서는, 자신은 한 번도 요리를 실패한 적이 없다고 말한다. 이유는 자신은 요리책에서 지시하는 대로 요리를 한 적이 없다고 한다. 한 번은 케이크를 만드는 과정에서 크림을 넣어야 하는데 초콜릿을 넣는 바람에 자신이 원하던 '마블 케이크'가 아닌 '스페클드 케이크'가 되었다고 하면서 본인이 원하는 재료를 넣어 만들었기 때문에 실패작이 아니라 다른 종류의 케이크를 만들었다고 주장한다. 스스로 좋아하는 재료를 넣고 나만의 방식으로 요리하니까 자신의 입맛에 항상 맞아서 정해진 조리법을 따를 필요가 없다는 것이다.

여기서 'Mindful'의 용어에 대해 정리할 필요가 있는데, 기실 이 용어는 랭어 교수가 자신의 저술에 갖다 쓰기 전에 동양의 명상 수련법meditation 또는 불교의 선종에서 수행하는 '선zen'을 영어로 번역하는 과정에서 사용하던 용어로, '의식의 깨어있는 상태覺'를 의미한다. 여기에 대해 "Psyche Central"의 창립자이자 CEO인 심리학 박사 글로홀John M. Grohol은 다음과 같이 정리하고 있다. "랭어 교수가 자신의 1989년 저작 'Mindfulness'에서 정의한 대로, 동양 철학에서 사용하는 개념과 서양의 심리학 개념이 시용하는 이 용어는 이름이 같다는 것 말고는 공통점이 거의 없다. 같은 이름을 사용했다는 것이 석연찮지만, 이로 인하여 랭어 교수가 심리학적으로 의도하는 마음챙김mindfulness의 이해에 혼돈을 초래하고 있다. 랭어 교수의 의식적 사고는 창발성creativity을 우선시하며, 이미 알고 있는 정보의 분류와는 관련이 없다. 좀 더 유연한 사고를 의미하며, 기존의 사고에 새로운 카테고리를 창조해내는 과정이다. 둘 사이에 약간의 유사점이 있기는 하지만, 마음챙김 사고는 어떤 면에서는 동양 철학의 개념과는 정면으로 배치되는 개념이다." 결론적으로 마음챙김 학습이란, 학습자로 하여금 다양한 상황 또는 환경에서 각각의 상황에 맞는 다양한 관점을 견지하게 함으로써 그 차이점을 발견해내고, 과거나 미래에 집착하지 않는 현재의 상황에 맞게 학습이 이루어져야 한다는 것이다.

지난 겨울 이 책의 번역에 매달려 있는 동안 사무실이 있던 도곡동의 싸리 공원에서 오후에 시간을 내서 워-킹을 했다. 크게 한 바퀴 돌아야 6분 정도 걸리는 거리여서 대 여섯 바퀴 돌고는 정상에 있는 야외 헬스장에서 몸 풀기를 하곤 했다. 매 번 counterclockwise로 돌다가 한 번은 방향을 바꿔 clockwise로 돌아보기로 했다. 늘 작은 능선을 내려가서 평지를 돌다가 다시금 소나무 숲이 있는 오솔길을 따라 걸으면 정상에 이르는 코스였다. 작은 능선을 내려오는 중간 지점에 벤치가 있었는데 내려 올 때는 그 벤치가 있는 줄 모르고 지나쳤다. 하지만 방향을 바꿔 그 능성을 올려보면서 걸을 때 비로소 벤치가 있음을 발견했다. 내리막길에서는 보이지 않던 벤치가 오르막길에서는 확연히 눈에 띄는 것이었다. 매 번 같은 장소를 지나치면서도 인식하지 못했던 벤치를 한 번의 방향 전환으로 대뜸 알아차렸다. 우리의 기억이란 것이 믿을 만한 것이 못 되며, 우리가 관점을 달리하면 더 잘 볼 수 있고 새로운 사실을 발견해 낼 수 있다는 마음챙김 학습 이론의 한 예가 될 것이다.

카펫 위에서 삼각형 내각의 합이 180도라는 것을 열심히 확인하는 아이가 183도 라는 답을 내 놓았을 때, 그리고 그 아이가 만약 그렇다면 지구본에 있는 삼각형, 즉 적도에서 만나는 수직 교차하는 두 선분의 각은 이미 180도 인데 어째서 북극에서 만들어지는 각이 존재하는지에 대해 질문을 했을 때, 우리는 어떤 대답을 해야 할까? 이 책은 요즈음 우리 교육계에서 강조하고 있는 자기 주도 학습의 방향을 제시하고 있다. 자동으로 생성되는 컴퓨터 프로그램에 익숙한 우리 아이들에게 개인의 학습 능력과 상황에 맞추어 다양한 관점을 계발하도록 주도적으로 가르쳐야 한다는 것에 다름 아니다. 문제는 누가 하느냐 하는 것이다. 물론 가르치는 처지에 있는 사람들, 교사, 정부 당국 그리고 학부모가 풀어야 할 숙제이다. 개인적으로는 체인징 맘(changing mom: 아이들 과외 수업을 위해 학원 차를 갈아 태우는 엄마)부터 시작해야 할 것으로 생각한다. 그리고 어떻게 하면 잘 가르칠 것인가 고민하는 일선 교육자들, 백년대계를 책임지고 있는 교육 당국, 그리고 산업현장에서 직원들이나 후임자를 지도하는 모든 선임자와 경영자도 같이 고민해야할 문제이다.

이 자리를 빌려, 번역을 의뢰한 동인출판사 관계자와 기꺼이 감수해주신 심리학자 정태연 교수님 그리고 번역이 끝난 후에도 오랫동안 미숙한 원고의 교열과 편집 작업에 수고한 동인출판사 편집실 직원들에게 무한한 감사를 드린다.

2011년 6월

역자 김 한